新型电力系统下储能产业发展与优化配置研究

刘大正　王阳　李涛　著

电子工业出版社·

Publishing House of Electronics Industry

北京·**BEIJING**

图书在版编目（CIP）数据

新型电力系统下储能产业发展与优化配置研究 ／ 刘
大正，王阳，李涛著. -- 北京 ：电子工业出版社，
2024. 9. -- ISBN 978-7-121-48865-8

Ⅰ. F426.2

中国国家版本馆 CIP 数据核字第 2024H391Z2 号

责任编辑：李筱雅
印　　刷：北京建宏印刷有限公司
装　　订：北京建宏印刷有限公司
出版发行：电子工业出版社
　　　　　北京市海淀区万寿路 173 信箱　邮编：100036
开　　本：720×1000　1/16　印张：11.5　字数：196 千字　彩插：4
版　　次：2024 年 9 月第 1 版
印　　次：2025 年 3 月第 2 次印刷
定　　价：99.00 元

凡所购买电子工业出版社图书有缺损问题，请向购买书店调换。若书店售缺，请与本社
发行部联系，联系及邮购电话：（010）88254888，88258888。
质量投诉请发邮件至 zlts@phei.com.cn，盗版侵权举报请发邮件至 dbqq@phei.com.cn。
本书咨询联系方式：（010）88254134，lixy@phei.com.cn。

前　言

规划构建现代能源体系、建设新型电力系统，是我国实现能源转型和"双碳"目标的必然途径。在立足国情、保障安全的前提下，风电、光伏发电、水电、核电等非化石能源将逐步取代化石能源成为发电主力。但风电、光伏发电除了能够为我们带来绿色低碳电力，还天然具有随机性、间歇性和波动性，因此其大规模并网对电力系统的调节能力提出了更高的要求。作为优质的灵活性调节资源，储能可以促进电源侧新能源消纳、提供系统惯量支撑、补充电网调频能力，是实现风电、光伏发电等新能源高比例并网的有效手段，对支撑国家能源转型、实现碳中和目标具有重要作用。然而，我国储能产业尚处于发展起步期，新型储能产业更是如此，政策、法规、技术、市场、标准、监管等产业要素，以及储能区域布局和规模化建设机制尚不成熟，因此十分有必要开展新形势下储能应用场景仿真研究。

本书对国内外储能技术、产业发展现状及未来发展趋势进行了介绍，分析了储能在电源侧、电网侧和需求侧的应用潜力，对未来电力系统储能规模化应用场景进行模拟预测研究；并以蒙西地区为案例，对典型地区储能规模和优化配置进行研究与经济性分析；通过综合研判，研究提出了"双碳"目标下储能产业发展战略。本书可以为储能行业的研究者、投资者与政策制定者提供参考，也可以供高等院校师生学习参考。

本书的内容安排如下：第 1 章介绍本书的研究背景，阐明了"双碳"目标下，储能对构建新型电力系统的重要意义；第 2 章介绍了国内外储能技术和产业发展现状，比较了不同储能技术路线的特点、技术成熟度、制造成熟度及成本情况，考察了国内外储能产业的发展概况、典型应用场景及未来发展趋势，并对世界主要国家的储能政策体系和市场机制进行了梳理，以此为基础总结了我国储能发展的机遇与挑战；第 3 章构建了国家能源集团电力系统优化仿真模型（CE-power 模型），基于实际观测数据、卫星遥感数据及数值模式模拟数据，对我国风光资源技术及经济潜力进行精细化评估，通过 GIS（地理信息系统）技术实现了我国已建设和规划建设的风光电站的精准空间落位，开展了多情景下，2060 年前我国抽水蓄能、新型储能和氢储能的发展规模、配置比例、空间布局等模拟研究；第 4 章面向电力市场化改革重点方向，开发了 8760 小时级电力现货市场仿真模型，研究提出了基于电力市场仿真技术的储能优化配置、运营模式和市场竞争力的评估方法体系，并以蒙西地区为案例，开展了典型区域储能发展规模、优化配置研究及成本经济性评价；第 5 章全面总结了本书前面多模型综合研究得到的定性和定量结论，研究提出了"双碳"目标下储能产业发展政策与决策建议，并对后续研究进行了展望，以期为储能规模化发展、优化布局和新型电力系统建设提供战略支撑与方向引领。

本书的编写得到了国家能源集团科技项目"我国储能应用场景仿真及国家能源集团发展战略研究"（GJNY-21-143）的支持。书稿的主体内容由刘大正、王阳和李涛共同完成。在书稿的整理与修改过程中，得到了国家能源集团技术经济研究院姜大霖研究员、华北电力大学王澍老师、厦门大学中国能源政策研究院吴微老师、北京师范大学王峥老师及其他项目组成员的大力协助。电子工业出版社的李筱雅编辑对书稿提出了详尽、专业的修改建议。在此对所有人的贡献表示衷心感谢。

我国新型电力系统处于快速发展过程中，新项目不断竣工投产，新政策不断颁布实施，技术进步日新月异，商业模式不断涌现，在本书出版时，书中的部分数据、案例和政策可能已经陈旧，希望各位读者予以谅解。同时，由于著者水平有限，书中的错误和不当之处在所难免，欢迎批评指正。

目　录

第1章 储能与新型电力系统

1.1 研究背景

可再生能源的规模化发展是全球应对气候变化的重要途径，也是我国推进能源生产和消费革命、推动能源低碳转型的重要措施。储能是适应新能源大规模接入、建设能源互联网及构建未来能源系统的关键支撑技术，在能源结构转型、保障能源安全等方面扮演着重要角色。

1.1.1 全球可持续发展压力攀升，碳中和已成全球共识

面对气候变化、环境风险挑战、能源资源约束等日益严峻的全球问题，我国在努力推动本国能源清洁低碳发展的同时，积极参与全球能源治理。

2020 年 9 月 22 日，在第七十五届联合国大会一般性辩论上，习近平主席郑重宣布，中国将提高国家自主贡献力度，采取更加有力的政策和措施，二氧化碳排放力争于 2030 年前达到峰值，努力争取 2060 年前实现碳中和。同年 12 月 12 日，习近平主席在气候雄心峰会上发表重要讲话，宣布到 2030 年，中国单位国内生产总值二氧化碳排放将比 2005 年下降 65%以上，非化石能源占一次能源消费比重将达到 25%左右，风电、太阳能发电总装机容量将达到 12 亿千瓦以上。在 2021 年 3 月召开的中央财经委员会第九次会议上，习近平总书记发表重要讲话强调，我国平台经济发展正处在关键时期，要着眼长远、兼顾当前，补齐短板、强化弱项，营造创新环境，解决突出矛盾和问题，推动平台经济规范健康持续发展；实现碳达峰、碳中和是一场广泛而深刻的经济社会系统性变革，要把碳达峰、碳中和纳入生态文明建设整体布局，拿出抓铁有痕的

劲头，如期实现 2030 年前碳达峰、2060 年前碳中和的目标。

截至目前，全球已有多个国家宣布在 21 世纪中叶实现碳中和目标，这标志着碳中和已经成为新一轮的全球共识，未来三四十年世界能源转型已经成为确定性事件。

1.1.2　我国能源结构面临挑战，储能支撑能源转型

改革开放 40 多年来，我国能源生产、消费规模及能源结构发生了巨大变化。但是，由于我国产业结构仍不尽合理，高耗能产业在经济发展中仍占有较大比重，且受资源禀赋所限，我国终端能源消费仍以煤炭为主，所以能源转型和碳减排面临巨大挑战。构建现代能源体系和新型电力系统，是我国实现能源转型和"双碳"目标的必要途径。在立足国情、保障安全的前提下，风电、光伏发电、水电、核电等非化石能源将逐步取代化石能源成为发电主力。但风电、光伏发电除了能够为我们带来绿色低碳电力，还天然具有随机性、间歇性和波动性，因此大规模并网对电力系统的调节能力提出了更高的要求。作为优质的灵活性调节资源，储能可以促进电源侧新能源消纳、提供系统惯量支撑、补充电网调频能力，是实现风电、光伏发电等新能源高比例并网的有效途径，在支撑国家能源转型和碳中和目标实现中发挥着重要作用。

1.1.3　我国储能发展滞后，储能产业发展急需政策支持

随着新能源产业的快速发展，储能逐渐成为新能源建设的"标配"，其应用受到世界各国的重视，美国、日本等国家纷纷加大对储能的部署，它们在储能技术的研发及应用方面已形成先发优势。与发达国家相比，我国的储能产业还处于发展起步期，新型储能产业的发展更是如此，储能领域的政策、立法、技术、市场、标准、监管等产业基本要素，以及储能项目的区域布局和规模化建设尚不成熟。由于储能战略性新兴产业发展存在诸多不确定性，因此亟须开展储能规模化发展路径与市场化机制研究，并出台专门的政策予以引导和扶持。

1.2 储能对构建新型电力系统的重要意义

1.2.1 新型电力系统的特征

2021 年 3 月,习近平总书记主持召开中央财经委员会第九次会议,并在会上发表重要讲话强调,实现碳达峰、碳中和是一场广泛而深刻的经济社会系统性变革,要把碳达峰、碳中和纳入生态文明建设整体布局,拿出抓铁有痕的劲头,如期实现 2030 年前碳达峰、2060 年前碳中和的目标。"十四五"是碳达峰的关键期、窗口期,要构建清洁低碳安全高效的能源体系,控制化石能源总量,着力提高利用效能,实施可再生能源替代行动,深化电力体制改革,构建以新能源为主体的新型电力系统。

推进碳达峰、碳中和,能源是主战场,电力是主力军。构建以新能源为主体的新型电力系统是能源电力行业实现"双碳"目标的根本举措,也是整个经济社会实现"双碳"目标的前提条件。2020 年,我国能源消费相关二氧化碳排放量占二氧化碳排放总量的 88%左右,而电力行业二氧化碳排放量占能源行业二氧化碳排放总量的 42.5%左右。据预测,2025 年后,电能将取代煤炭在终端能源消费中占据主导地位;2035 年和 2060 年,电能占终端能源消费的比重有望分别达到 33%与 66%。据测算,在实现碳中和目标的过程中,电力生产等能源活动将承担总减排量的 81%。2021 年 10 月,《中共中央 国务院关于完整准确全面贯彻新发展理念做好碳达峰碳中和工作的意见》印发,明确提出到 2060 年,绿色低碳循环发展的经济体系和清洁低碳安全高效的能源体系全面建立,能源利用效率达到国际先进水平,非化石能源消费比重达到 80%以上,碳中和目标顺利实现,生态文明建设取得丰硕成果,开创人与自然和谐共生新境界。2022 年 3 月,《"十四五"现代能源体系规划》发布,明确到 2025 年,非化石能源消费比重提高到 20%左右,非化石能源发电量比重达到 39%左右;力争到 2025 年,抽水蓄能装机容量达到 6200 万千瓦以上、在建装机容量达到 6000 万千瓦左右。

总体上看，新型电力系统具有以下特征。

从电源侧看，新能源装机占比将大幅提高，以煤电为主的电源结构将逐步改变。火电规模逐步缩小，风电与光伏发电等新能源规模将不断扩大。煤电也将从以提供电量为主，逐步过渡到以提供"电量+容量"为主，再过渡到以提供"容量"为主。需要大幅增加灵活性调节电源，包括新型储能系统、抽水蓄能电站，以及经过灵活性改造的火电机组等。

从电网侧看，电网形态由单向逐级输电为主的传统电网，向包括交直流混联大电网、微电网、局部直流电网和自治型配电网的能源互联网转变。

从负荷侧看，负荷由传统的消费型、刚性用电，向消费与生产并存、柔性灵活用电的方向转变。负荷侧可以布置分布式电源，进一步提高负荷侧的调节能力。在电力市场价格信号的引导下，负荷主动响应价格，在调整用电行为的基础上，降低综合购电成本。

从机制方面看，适应各类新技术、新设备及多元负荷的大规模接入，并与电力市场紧密融合，通过反映市场供需关系的时变价格信号引导，实现各类市场主体广泛参与、充分竞争、主动响应和双向互动。

1.2.2 储能是新型电力系统的重要组成部分

新型电力系统与传统电力系统相比最大的差异就是新能源在其电源结构中占主体地位。截至 2023 年年底，我国并网风电、太阳能发电装机容量合计为 10.5 亿千瓦，约占总装机容量的 36%；风电、太阳能发电合计发电量为 1.47 万亿千瓦时，约占全国发电总量的 15.8%。据测算，在"双碳"目标下，2030 年我国风电、光伏发电装机容量可能突破 18 亿千瓦，发电量占比将超过 25%。2060 年我国风电、光伏发电装机容量将超过 60 亿千瓦，发电量占比将超过 70%。与传统化石能源相比，新能源（尤其是风电和光伏发电）的最显著特征就是其发电具有间歇性和波动性。未来，随着风光电大规模、高比例接入电网，势必会对电网的安全稳定运行带来重大挑战。储能由于具有平抑波动、削峰填谷的功能，被行业寄予厚望。储能的作用可以通俗地理解为"充电宝"，在风光出力大或者用电低谷时充电，在风光出力小或者用电高峰时放电。它既能平滑不稳定的风光电，促进新能源消纳，又能配合常规火电、核电等电源，为电力系统运行提供调峰调频等辅助服务，提高电力系统的灵活性。

中央和地方高度重视储能装备建设，出台各项政策引导储能产业健康、快速发展。2021 年 2 月，《国家发展改革委　国家能源局关于推进电力源网荷储一体化和多能互补发展的指导意见》（以下简称《意见》）发布，提出在源网荷储一体化实施路径方面，要通过优化整合本地电源侧、电网侧、负荷侧资源，以先进技术突破和体制机制创新为支撑，探索构建源网荷储高度融合的新型电力系统发展路径，主要包括区域（省）级、市（县）级、园区（居民区）级"源网荷储一体化"等具体模式。《意见》明确，在多能互补实施路径方面，要利用存量常规电源，合理配置储能，统筹各类电源规划、设计、建设、运营，优先发展新能源，积极实施存量"风光水火储一体化"提升，稳妥推进增量"风光水（储）一体化"，探索增量"风光储一体化"，严控增量"风光火（储）一体化"。2021 年 7 月，《国家发展改革委　国家能源局关于加快推动新型储能发展的指导意见》发布，提出到 2025 年，实现新型储能从商业化初期向规模化发展转变。新型储能技术创新能力显著提高，核心技术装备自主可控水平大幅提升，在高安全、低成本、高可靠、长寿命等方面取得长足进步，标准体系基本完善，产业体系日趋完备，市场环境和商业模式基本成熟，装机规模达 3000 万千瓦以上。2021 年 9 月，国家能源局正式发布《抽水蓄能中长期发展规划（2021—2035 年）》，提出到 2025 年，抽水蓄能投产总规模 6200 万千瓦以上；到 2030 年，投产总规模 1.2 亿千瓦左右；到 2035 年，形成满足新能源高比例大规模发展需求的，技术先进、管理优质、国际竞争力强的抽水蓄能现代化产业，培育形成一批抽水蓄能大型骨干企业。2022 年 1 月，国家发展改革委、国家能源局发布《"十四五"新型储能发展实施方案》，要求到 2025 年，新型储能由商业化初期步入规模化发展阶段，具备大规模商业化应用条件；到 2030 年，新型储能全面市场化发展。

在地方层面，据不完全统计，目前已有 23 个省份发布了新能源配置储能的政策。《内蒙古自治区 2021 年风电项目竞争配置工作方案》中就要求，电化学储能容量应不低于项目装机容量的 15%（2 小时），充放电不低于 6000 次（90%DOD），单体电芯容量不低于 150Ah，需要具备电芯式试验报告，采用先进消防系统，配置能量管理系统。

1.2.3 储能的多样化应用场景模式与多元价值贡献

新型储能具有响应快、配置灵活、建设周期短等优势，可在电力运行中发挥顶峰、调峰、调频、爬坡、黑启动等多种作用，可以为新型电力系统提供多元化的价值。储能应用场景与价值贡献主要包括以下几个方面。

储能是电力市场中重要的经济杠杆。2021 年，《国家发展改革委 国家能源局关于加快推动新型储能发展的指导意见》印发，提出研究建立储能参与中长期交易、现货和辅助服务等各类电力市场的准入条件、交易机制和技术标准，加快推动储能进入并允许同时参与各类电力市场。2022 年，《国家发展改革委办公厅 国家能源局综合司关于进一步推动新型储能参与电力市场和调度运用的通知》发布，明确新型储能可作为独立储能参与电力市场、鼓励配建新型储能与所属电源联合参与电力市场、加快推动独立储能参与电力市场配合电网调峰、充分发挥独立储能技术优势提供辅助服务、优化储能调度运行机制、进一步支持用户侧储能发展、建立电网侧储能价格机制、加强技术支持等。

储能参与电力市场是大势所趋，也是建立新型电力系统的必由之路。储能可以有效储存电能，并在必要时（短期内）释放电能，实现削峰填谷的作用。在电力现货市场中，价格与供需关系密切相关，储能可以根据价格信号进行响应，通过"低买高卖"，实现系统的削峰填谷。储能可与新能源共同组成发电主体，积极参与电力市场。此外，独立储能可以自主选择参与电力中长期市场与电力现货市场。其中，除储能成本因素外，电力市场中的价格峰谷差将成为评估储能盈利能力的关键因素。

储能能够提升系统短时尖峰负荷供应能力。随着我国经济社会从高速增长向高质量增长转型，用电结构持续优化调整，第三产业及居民生活用电比重不断上升，负荷尖峰化特征愈发明显。以南方五省为例，2016—2019 年，3% 的尖峰负荷规模由 497 万千瓦上升至 615 万千瓦，5% 的尖峰负荷规模由 828 万千瓦上升至 1025 万千瓦；3% 的尖峰负荷持续时间已经达到 30 小时，而 5% 的尖峰负荷持续时间已经达到 100 小时。全国尖峰负荷规模与南方五省类似，呈现出不断上涨的趋势。电化学储能布置方便，存储灵活性较好，能够在负荷低谷时期及时充电，在高（尖）峰时段快速放电，有效平抑负荷峰谷情况，并且可以避免过度投资建设燃气（燃煤）等大型灵活性资源。

储能是优质的辅助服务资源。相比于煤电机组，储能系统具有更好的灵活性和更快的响应速度，可以在辅助服务市场中发挥巨大作用，在调频、提供备用、黑启动等方面也发挥着重要作用。2021 年 12 月，国家能源局印发《电力辅助服务管理办法》，将电化学、压缩空气、飞轮等新型储能纳入辅助服务供应主体，并明确提出：鼓励新型储能、可调节负荷等并网主体参与电力辅助服务。各省份发布的"两个细则"或辅助服务市场相关规则，纷纷提出允许储能参与辅助服务。尤其在调频方面，储能将发挥更大作用。目前，山西、内蒙古、华北等地区已经允许储能与火电相结合，在调频方面充分发挥优势，为提高电能质量做出重要贡献。

储能能够促进新能源消纳。新能源具有逆调峰特性，例如，在负荷低谷时，风电场出力较大，而在负荷高峰时，风电场出力较小。这种特性将扩大系统等效负荷的峰谷差，加剧系统的调峰困难。另外，新能源建设速度较快，部分区域的新能源投产速度远超过电网的建设速度，导致新能源输送严重受限。因此，弃风弃光问题成为新能源领域迫切需要解决的问题。在新能源领域建设储能对缓解限电具有重要意义，同时也是国家鼓励的方向。

储能能够提升输电网经济性。当电网设备的潮流超过其容量时，则需要对电网进行新建或改造，传统的措施包括升级或者增建变电站变压器、输配电线路等。传统的电网规划或电网升级扩建成本很高，尤其是在拥挤的城市区域这种现象十分显著。在储能技术不断成熟及装置成本持续降低的前提下，面对负荷增长将要超过线路负载能力的形势，可考虑在以下情况下，利用安装在过负荷节点的较小容量的储能装置来延缓输配电网升级所带来的较大资金投入及配网升级过程：①过负荷情况较少出现且过负荷只是发生在某天的几个小时内；②负荷增长缓慢；③配电网升级资金昂贵，小容量的储能可以延缓相对较大的投资进程，"杠杆"作用很明显；④传统的升级方法行不通，如无线路走廊要考虑环境和美观因素等。

第 2 章   储能发展现状及趋势

储能是实现未来能源系统变革的基础。本章将梳理储能技术和产业发展的现状与趋势，研究储能在电源侧、电网侧和需求侧的发展潜力，研判储能技术规模化应用的技术路径和政策路径，测算储能技术成本变化趋势及竞争力，总结世界主要国家的储能应用政策及对我国储能产业发展的启示，并提出我国储能产业规模化发展面临的机遇与挑战。

2.1   国内外储能技术发展

2.1.1   储能技术发展现状与挑战

根据储能方式及其技术载体的类型，电储能技术主要分为 3 类：机械储能（如抽水蓄能、压缩空气储能、重力储能、飞轮储能等）、电化学储能（如锂离子电池、铅蓄电池、铅酸（炭）电池、液流电池、钠硫电池、钠离子电池等）、电磁储能（如超导电磁储能、超级电容器储能等）。按照储能技术所处的发展阶段，本书重点介绍机械储能和电化学储能。储能技术路线分类如图 2-1 所示。

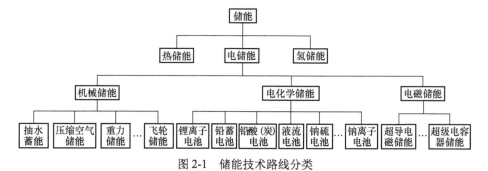

图 2-1   储能技术路线分类

1. 机械储能

1）抽水蓄能

抽水蓄能技术又称抽蓄发电技术，是迄今为止世界上应用最广泛的大规模、大容量的储能技术。抽水蓄能电站包括下水库、电动抽水泵（水轮发电机组）和上水库三个主要部分，抽水蓄能电站的结构、原理及效果如图 2-2 所示。它将过剩的电能以水的位能（重力势能）的形式储存起来，在用电高峰时段再用来发电，因此也是一种特殊的水力发电技术。当电力生产过剩时，过剩的电能会提供给电动抽水泵，将水由下水库输送至地势较高的上水库，此时电网则可看作用户。待电力需求增加时，将水闸放开，水便从高处的上水库依地势流往原来电动抽水泵的位置，借水的势能推动水道间的水轮发电机重新发电，此时电网则可看作发电厂。

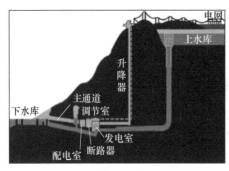

(a) 结构、原理图　　　　　　　　(b) 抽水蓄能电站效果图

图 2-2　抽水蓄能电站的结构、原理及效果

抽水蓄能占全球电网储能容量的 90%以上，相比于其他储能技术，抽水蓄能电站一方面具有技术成熟、效率高、容量大、储能周期不受限制等优点，但另一方面需要合适的地理条件建造水库和水坝，建设周期长，初期投资巨大。从目前的应用情况来看，利用抽水蓄能技术建造的电站，其容量大小可以按照用户需求来决定，设备的寿命基本上可以维持 30～40 年，其整体工作效率可以达到 70%。目前，世界上已有至少 90 吉瓦的抽水蓄能系统处于运行中，目前世界在建装机容量最大的抽水蓄能电站——河北丰宁抽水蓄能电站于 2021 年投入使用。我国《抽水蓄能中长期发展规划（2021—2035 年）》提出，到 2030 年，

抽水蓄能投产总规模 1.2 亿千瓦左右；到 2035 年，形成满足新能源高比例大规模发展需求的，技术先进、管理优质、国际竞争力强的抽水蓄能现代化产业，培育形成一批抽水蓄能大型骨干企业。

2）压缩空气储能

压缩空气储能电站在本质上是一种用于调峰的燃气轮机发电厂，其主要原理（见图 2-3）是利用电力系统负荷低谷时段的剩余电力进行压缩空气作业，并将其储存于高压密封设施内，在用电负荷高峰时段释放出来用以驱动燃气透平发电。

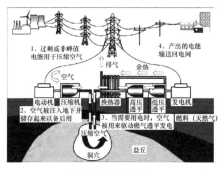 

(a) 结构、原理图　　　　　　　　(b) 压缩空气储能电站效果图

图 2-3　压缩空气储能电站的结构、原理及效果

压缩空气储能是一种可以实现大容量和长时间电能储存的电力储能系统，具有气库安全性较高、运行可靠、容量大、寿命长、单位成本低、经济性好等优势，且响应速度快。压缩空气储能电站的建设投资成本和发电成本均低于抽水蓄能电站，在压缩空气储能电站的发电过程中，其消耗的燃气量要比常规燃气轮机少，能量利用效率得到了较大提升，同时压缩空气储能在节约成本方面也很有优势。压缩空气储能电站在实际中主要用于峰谷电能回收调节、频率调制、平衡负荷、分布式储能、发电系统备用、冷启动、黑启动等应用场景。

德国在 1979 年就建成了 290 兆瓦的压缩空气储能发电厂，而美国则于 1991 年建成了 110 兆瓦的压缩空气储能发电厂，至今仍处于运行状态。我国于 2005 年开始压缩空气储能技术研究，陆续进行了压缩空气、超临界压缩空气、液态压缩空气储能项目的研发与建设，总体研发能力已处于国际领先水平。2021 年 9 月 23 日，山东肥城压缩空气储能调峰电站一期 10 兆瓦示范电站项目正式实现并网发电，这标志着国际首个盐穴先进压缩空气储能电站已正式进入商业运行状态。2022 年 9 月，国际首套百兆瓦先进压缩空气储能国家示范项目在河北张家口顺利并网发电；同月，全球最大规模 350 兆瓦盐穴压缩空气储能项目——山东泰安 2×300 兆瓦级压缩空气储能创新示范工程开工。总之，压缩空气储能技术发展至今已相对较为成熟，并且可以带来一定的经济效益，但是这种技术的能量密度较低，并受到一些地理条件的限制，故其布局会受到一定影响，在人口密集的城市中运用的可能性极小，比较适用于有密封空洞的偏远地区。

3）飞轮储能

飞轮储能技术已存在 200 多年的历史，它是一种基于机械运动的储能方式。飞轮储能装置主要由高速飞轮、双向逆变器、整流器、变流器等设备组成（见图 2-4）。飞轮储能的工作原理是：当系统储存能量时，电能将通过内部的电机转化为飞轮的动能，当系统需要放电时，飞轮的动能又将经过电机还原为电能，输送给外部负载使用。

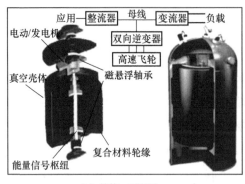 

(a) 结构、原理图　　　　　　　(b) 飞轮储能系统实物图

图 2-4　飞轮储能的结构、原理及实物

总体来看，飞轮储能功率密度高，短时间内能够释放全部的能量，适用于功率调频服务。当前飞轮储能的功率密度已大于 10 千瓦/千克，能量密度也已

超过 50 瓦时/千克，储能效率在 90%以上，工作过程中噪声低、无污染，维护简单，且可连续工作，通过积木式组合方法构成储能阵列，容量可以达兆瓦级。飞轮储能技术的主要缺点包括初始投资成本高、维护成本高、能量密度低、自放电率高、有效放电时间短，属于功率型技术，不适用于储能容量要求高的场景。因此，飞轮储能技术主要用于不间断电源系统、应急电源系统、电网调峰及频率控制。

目前，国内外都已研制出一些基于飞轮储能技术的产品，国外技术相对成熟，国内则处于研发和示范应用阶段。例如，中国科学院电工研究所就已经研制出基于飞轮储能技术的高速电机；美国的艾泰沃公司研制出 500 千瓦的直流清洁能源；等等。此外，该项技术还有一个良好的应用前景——可应用于电动汽车。当电动汽车处于刹车制动时，飞轮可以吸收能量；而当电动汽车高速行驶时，飞轮储存的能量则可以释放出来用于加速。

2．电化学储能

1）锂离子电池

锂离子电池的产生可以追溯到 1958 年美国加州大学伯克利分校 William Sidney Harris 的博士论文，该论文提出和实验了锂离子电池。1970 年，埃克森公司的 M.S. Whittingham 采用硫化钛作为正极材料、金属锂作为负极材料，制成首个锂离子电池。由于该锂离子电池的循环性能较差，所以其后伊利诺伊理工大学（Illinois Institute of Technology）的 R.R. Agarwal 和 J.R. Selman，以及美国阿贡国家实验室的 Michael M. Thackeray 和牛津大学的 John B. Goodenough 等相继对其进行了改良。1992 年由索尼（SONY）公司研制出以碳材料为负极、以锂化合物为正极的锂离子电池，从而出现了真正意义上的锂离子电池技术及产品。

锂离子电池实际上是一个锂离子浓差电池，正负电极由两种不同的锂离子嵌入化合物构成（见图 2-5）。充电时，锂离子从正极脱嵌，经过电解液进入负极，此时负极处于富锂态，正极处于贫锂态；放电时则相反，锂离子从负极脱嵌，经过电解液嵌入正极，此时正极处于富锂态，负极处于贫锂态。

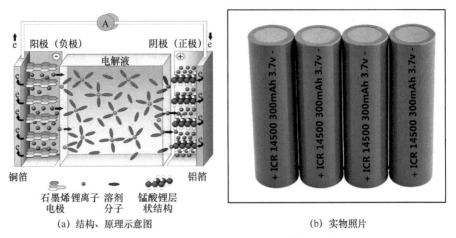

(a) 结构、原理示意图　　　　　　(b) 实物照片

图 2-5　锂离子电池结构、原理及实物照片

　　锂离子电池具有高能量密度、高功率密度和高往返效率的优点，适用于电动汽车及短时间（通常为 4 小时或更短时间）电力系统存储领域。锂离子电池根据不同的正极材料，主要可以细分为四类：钴酸锂电池、锰酸锂电池、磷酸铁锂电池和多元金属复合氧化物电池，其中多元金属复合氧化物包括三元材料镍钴锰酸锂、镍钴铝酸锂等。钴酸锂电池自锂离子电池商业化以来，一直作为主要的电池材料。然而钴酸锂材料在高电压下结构不稳定，因此其工作电压较低，进而导致其主要应用于小电池场合，如移动电话、计算机等。早期的锰酸锂电池在高温下与电解液的兼容性较差，结构不稳定，导致容量衰减过快，因此高温循环差的缺点一直限制着锰酸锂材料在锂离子电池中的应用。近年来，掺杂技术的运用使锰酸锂电池具有良好的高温循环与储存性能，目前已有少量国内企业可以制备。磷酸铁锂电池具有结构稳定性和热稳定性高、常温循环性能优异、铁和磷资源丰富及环境友好等优点，近年来在国内广泛应用于新能源汽车领域，特别是商用车领域。三元材料电池受锰酸锂等单质材料掺杂技术的启发，综合了钴酸锂、镍酸锂和锰酸锂三类材料的优点，形成了钴酸锂、镍酸锂、锰酸锂三相共熔体系，存在明显的三元协同效应，其综合性能优于单组合化合物。随着生产技术和生产工艺的进步，三元材料电池迅速在新能源汽车领域，特别是商用车领域占据重要地位，成为目前政府补贴支持力度最大、出货量最大，并不断扩产的技术路线。目前，电池制造关键材料的来源和成本是影

响锂离子电池成本与未来应用前景的重要因素。随着技术的不断创新和进步，锂离子电池技术将继续作为电动汽车和短时间电力系统存储领域的领先技术，但其存储容量成本不太可能低到足以广泛应用于长时间（>12 小时）电力系统存储领域。

2）液流电池

液流电池的概念是由 L.H. Thaller 于 1974 年在第九届能量转换工程会议上首次提出的，同年，美国国家航空航天局（NASA）及日本的研究机构开展了铁－铬液流电池的研发。液流电池与传统电池不同，其能量不储存在电池内部，而储存在与电池分离的电解液中。这样的电池结构使其功率输出和能量储存彼此独立，可以进行功率单元和能量单元的独立配置。液流电池的基本组成包括电池堆（功率单元，由正负极材料、隔膜及电池壳体构成）、电解液储罐（能量单元，由独立的正负极电解液、独立的储罐构成）和泵（见图 2-6）。其主要工作原理是：在外接循环泵的驱动下，正负极电解液分别在储罐和两个半电池室之间循环流动，并在电极上发生氧化反应和还原半反应。电子通过集流体经外电路传递给负载，完成化学能到电能间的能量转换。

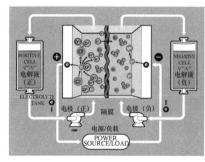 

(a) 结构、原理示意图　　　　　　　　(b) 实物照片

图 2-6　液流电池结构示意图及实物照片

理论上，离子价态变化的离子对均可以组成液流电池。目前已经开发出较多的液流电池体系（依据使用的活性物质进行划分），其中锌－溴电池（Zinc Bromine Battery，ZBB）、多硫化钠－溴电池（Sodium Polysulfide/Bromine

Battery，PSB）和全钒液流电池（Vanadium Flow Battery，VFB）发展最快，尤其以全钒液流电池目前最受关注。近年来，全钒液流电池储能系统的研究开发、工程化及产业化不断取得重要进展。加拿大的 VRB 能源（VRB Energy）公司、日本的住友电工及 Kashima-Kita 电力公司曾致力于全钒液流电池储能系统的开发。住友电工与关西电力公司合作开发的输出功率 100 千瓦的全钒液流电池储能系统曾于 2001 年获得日本"能源与资源进步奖"。日本的住友电工和加拿大的 VRB 能源公司分别在日本与美国完成了多个液流电池及风力发电配套的大规模储能项目。德国、奥地利等国家也开展了全钒液流电池储能系统研究，并应用于光伏发电和风能发电的储能电站。2017 年，德国已经开始建立规模 700 兆瓦电网级应用储能电站（目前全球规模最大的储能电站）。

液流电池主要有以下优点：

（1）安全性好，可靠性高。液流电池一般使用水溶液储能，无起火燃烧等安全隐患，尤其适用于安全等级要求较高的场所，如煤矿备用电源；

（2）单个循环储能时间长，可以达到 4～8 小时，尤其适用于风力发电等新能源场站的储能；

（3）储能容量大，最大可达吉瓦时规模；

（4）输出功率大，最大接近吉瓦规模；

（5）循环次数多，寿命长，循环次数达到 15000～20000 次，系统寿命可达到 15～20 年；

（6）全生命周期度电成本低，低于 0.2 元/千瓦时；

（7）功率和容量可独立设计，适合大规模储能，其功率由单电池或电池堆的性能和体积决定，容量由电解液的浓度和体积决定，可定制设计；

（8）启动和响应速度快，充、放电切换只需要 0.02 秒，适用于调频；

（9）能量效率相对较高，典型效率在 70%～80%；

（10）免维护，可深度放电，深度放电不会发生相变或电池损毁；

（11）工作条件温和，常温常压工作；

（12）回收利用性好，关键材料可循环利用、环境友好。

当前，液流电池技术主要存在以下不足：

（1）能量密度偏低，以全钒液流电池为例，能量密度为 34～56 瓦时/升，不适合在狭小空间使用，如作为移动端电池或动力电池使用；

（2）电堆功率密度偏低，当前典型的产品功率密度是 80～120 毫瓦/平方厘米，导致电堆体积偏大、关键材料利用率偏低，这是造成其成本偏高的主要原因之一；

（3）初始投资成本相对偏高，目前在 3500～4000 元/千瓦时，成本有待进一步降低。

我国对于液流电池的研究起步较早，于 20 世纪 80 年代末便开始了对液流电池的研究。中国地质大学、北京大学、中国工程物理研究院、东北大学先后开展了碳素电极、电解液添加剂、电极动力学、电池充放电性能等方面的研究。2018 年以来，国内对于液流电池的研究不断深入，不仅在关键技术上取得了突出的成果，在成果转化等方面也取得了丰硕的成果。2022 年 9 月，全球最大的液流电池储能调峰电站在大连投入商业运行；2022 年 10 月，国内首个吉瓦时级全钒液流储能电站于新疆察布查尔县开工建设。目前，在液流电池产业化及电解液技术等领域，我国已居世界前列，但是在一些关键核心技术，如高功率密度电堆技术、质子交换膜制备和生产技术等方面仍然落后于国际先进水平。目前我国全钒液流电池的产业化进程较快，但是面临着钒资源约束的问题；铁铬液流电池没有明显的资源约束问题，但是当前产业化推进速度相对较慢。

3）钠硫电池

钠硫电池是 20 世纪 60 年代由美国福特汽车公司发明的，是最典型的以金属钠为电极的二次电池。如图 2-7 所示，钠硫电池的正极由硫（S）和碳（C）的复合物组成，负极由液态钠（Na）组成，中间隔有 β-氧化铝陶瓷管。钠硫电池的运行温度需要保持在 300 ℃以上，以使电极处于熔融状态。

钠硫电池以大规模静态储能为应用背景。自 1983 年开始，日本 NGK 公司和东京电力公司合作，1992 年实现了第一个钠硫电池示范站的运行。目前已有 250 余座 500 千瓦以上功率的钠硫电池储能电站在日本等国家投入商业化示范运行。但是，钠硫电池的工作温度较高，且在高温下工作会增加安全隐患。2011 年 2 月和 9 月，日本接连烧掉两座钠硫电池储能电站，尤其是三菱材料筑波制作所的钠硫电池储能电站，于 2011 年 9 月 21 日 7 时 20 分发生火灾，经掩盖沙子等灭火手段，到当天 16 时左右火势方才转弱，但未完全扑灭，直到 10 月 5 日下午 3 时 25 分大火才最终熄灭，共烧了整整两个星期。其后，日本 NGK 公司要求客户，在查明事故原因之前暂时停止使用钠硫电池，同时宣布暂停生产钠硫电池。钠硫电池的储能应用受到重创，后期鲜有新的钠硫电池储能电站建立。目前，日本 NGK 公司、中国科学院上海硅酸盐研究所、上海交通大学和韩国一些研发机构正在通过引入添加剂的方式提高电池的安全性。钠硫电池储能技术的发展将在较长时间内持续取得新的突破。

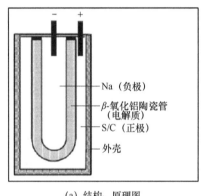 

(a) 结构、原理图　　　　　　　　(b) 实物照片

图 2-7　钠硫电池结构、原理图及实物照片

4）钠离子电池

钠离子电池性能未来将与磷酸铁锂电池接近，由于我国钠资源储量丰富，电池成本有较大的下降预期，因此钠离子电池有望替代锂离子电池。但是受基本原理限制，钠离子电池的循环寿命和储能效率低于锂离子电池。近年来，随着技术的进步，钠离子电池的循环寿命快速提升，2018 年商业化初期，钠离子电池的循环寿命在 2000 次左右，2020 年年底已研究出循环寿命达4500 次的钠离子电池，但仍与锂离子电池存在很大差距。2021 年 7 月，宁德时代率先发布第一代钠离子电池，基于材料体系的一系列突破，这种钠离子

电池具备高能量密度、高倍率充电、优异的热稳定性、良好的低温性能与高集成效率等优势。

5）铅酸（炭）电池

铅酸（炭）电池是 1859 年由普兰特（Plante）发明的，至今已有 100 多年的历史。铅酸（炭）电池是一种电极主要由铅及其氧化物制成、电解液为硫酸溶液的蓄电池。在放电状态下，正极主要成分为二氧化铅，负极主要成分为铅；在充电状态下，正负极的主要成分均为硫酸铅。铅酸（炭）电池结构、原理图及实物照片如图 2-8 所示。铅酸（炭）电池是世界上应用最广泛的电池之一，该技术十分成熟。铅酸（炭）电池作为动力电池（应用于低速电动车、特种电动车和混合电动车等）、启动电池（应用于汽车、摩托车、燃油机发动等）和储能电池，应用于交通、通信、电力和新能源等领域。它的突出优点包括价格低廉、电流放电性能强、电压特性平稳、温度适用范围广、单体电池容量大、安全性高和原材料丰富等。近年来，铅酸（炭）电池在竞争中发展了许多新技术，如三维结构电极、双三维结构电极，以及全密封式、管式、水平式等新结构；使用新的铅合金电极，铅酸（炭）电池的比能量逐渐提高，使用寿命逐渐延长。铅酸（炭）电池一般主要用作电力系统的事故电池或备用电池，以及用于汽车启动电池和低速电动车动力电池领域。但是目前其在循环寿命（一般在 1000 次左右）、性能衰减、电池维护等方面仍存在不足，据相关机构

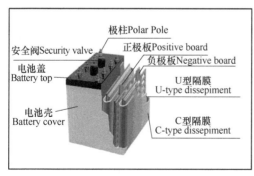

(a) 结构、原理图

(b) 实物照片

图 2-8　铅酸（炭）电池结构、原理图及实物照片

分析预测，随着锂离子电池、液流电池等技术的进步和成本的降低，铅酸（炭）电池在储能领域的应用占比会逐步降低，近期一些新的储能项目几乎不再考虑铅酸（炭）电池的技术路线。

3．储能发展面临的技术挑战

储能发展面临的主要技术挑战包括以下 3 个方面。

（1）储能成本相对较高，缺乏疏导渠道。在现阶段，若大规模应用储能技术，则将在一定程度上提高全社会用能成本。将技术直接转化成实际的商业模式，以及支持储能企业真正实现盈利都存在风险。目前哪种储能技术最具经济性、最有竞争力尚不清楚，即从商业角度来看还无法确定哪种储能技术最有应用前景，因此，对于一些正在计划进入储能行业的企业而言具有较大的不确定性。此外，当前新能源配储的投资成本主要由新能源企业内部消化，叠加锂离子电池成本上涨，给企业带来了较大的经济压力。

（2）安全、大容量、长时间的储能技术还有待突破。以新能源为主体的新型电力系统可能出现由极端天气导致的新能源长时间出力受限的情况，电化学储能的安全、消防和环保回收等问题还有待解决。2021 年 4 月 16 日，北京的储能电站火灾事故给储能发展敲响了警钟，相关标准和管理规范有待进一步加强。

（3）储能设备还需要提高寿命及其可靠性。目前储能系统的寿命与风电、光伏发电等新能源场站的寿命不匹配，光伏电站、风电站的寿命基本上可达 20 年以上，而当前以锂离子电池为主的储能系统寿命一般在 10 年左右，远低于新能源场站的寿命。此外，还存在储能系统可靠性差、实际应用效果不理想等问题。

2.1.2　储能技术路线比较

本节重点对抽水蓄能、压缩空气储能、锂离子电池、液流电池、铅酸（炭）电池、飞轮储能、钠硫电池 7 种储能技术路线进行对比，主要储能技术路线比较如图 2-9 所示，主要储能技术路线技术指标比较如表 2-1 所示。

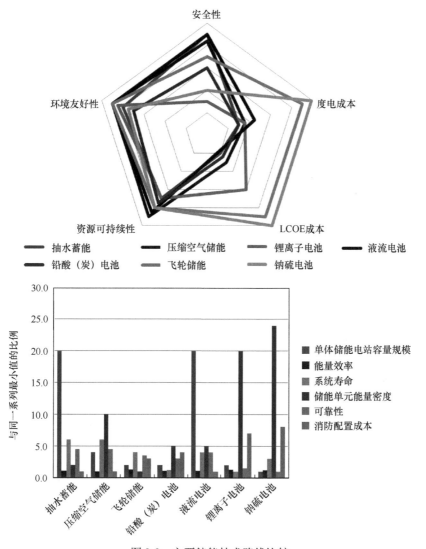

图 2-9　主要储能技术路线比较

1. 技术总体成熟度与市场发展阶段

从近中期来看，锂离子电池技术是唯一技术成熟且率先实现市场规模化应用的技术。当前各种储能技术路线的发展水平不尽相同，处于技术成熟期及市场成长期的是锂离子电池；处于规模化示范期及市场初期的是液流电池和压缩空气储能；处于工业化示范期及市场孕育期的是飞轮储能、超导储能、超级电容；处于技术研发期及市场萌芽期的是固态电池、重力储能、金属空气电池。

表 2-1　主要储能技术路线技术指标比较

项目	电化学储能						机械储能		
	铅酸（炭）电池	锂离子电池			钠硫电池	全钒液流电池	抽水蓄能	飞轮储能	压缩空气储能
		磷酸铁锂电池	钛酸锂电池	镍钴锰酸锂电池					
单体储能电站容量规模	几十兆瓦时	几十兆瓦时			几十兆瓦时	百兆瓦时~吉瓦时	吉瓦时	兆瓦时	百兆瓦时
功率规模	几十兆瓦	几十兆瓦			几十兆瓦	百兆瓦~吉瓦	吉瓦	几十兆瓦	百兆瓦
能量密度（瓦时/千克）	40~80	80~170	60~100	120~300	150~300	34~56	0.5~2瓦时/升	20~80	3~6瓦时/升
功率密度（瓦/千克）	150~500	1500~2500	>3000	3000	22	80~120兆瓦/平方厘米	0.1~0.3瓦/升	>10000	0.5~2.0瓦/升
响应时间	毫秒级	毫秒级			毫秒级	毫秒级	分钟级	毫秒级	分钟级
循环次数（次）	1000	3000~6000	约5000	1000~3000	4500	>20000	>10000	>1000000	>10000
系统寿命（年）	5~8	5			15	>20	40~60	20	30
充放电效率	70%~85%	80%~90%	80%~90%	80%~90%	75%~90%	70%~85%	70%~72%	85%~95%	40%~75%

2．初始投资成本（系统成本）

过去 10 年里，锂离子电池、全钒液流电池、铅酸（炭）电池 3 种储能技术路线的储能电池系统成本均大幅下降，相关分析预测，未来 5~10 年，铅酸（炭）电池的成本将基本稳定，下降空间不大，锂离子电池随着技术的进一步迭代，系统成本将进一步下降，但是资源限制将在一定程度上影响其下降幅度。随着未来 5 年多个百兆瓦级项目的实施，以及电解液等关键材料的规模化生产，液流电池成本将进一步下降，预计 2025 年前后，全钒液流电池与锂离子电池的系统成本将基本相当，有望达到 1800 元/千瓦时。

3．全生命周期成本（度电成本）

锂离子电池、全钒液流电池、铅酸（炭）电池的度电成本，2021 年分别下降至 0.5～0.8 元/千瓦时、0.45～0.6 元/千瓦时和 0.7～0.8 元/千瓦时的水平。未来这 3 种储能技术路线的度电成本将持续下降，铅酸（炭）电池由于效率、寿命及放电深度较低等，虽然其系统成本不高，但是总体上度电成本高于其他两种储能技术路线；全钒液流电池因为在循环寿命和放电深度两方面具有优势，所以其度电成本低于其他两种储能技术路线，具有一定优势。

4．综合性能

在安全性和可靠性方面，液流电池和压缩空气储能均处于前列。在资源可持续性方面，压缩空气储能和液流电池具有一定优势，主要由于其储能介质资源丰富，而锂离子电池由于锂资源及锂离子电池其他相关活性物质资源有限，且全球储量分布不均，因此在资源储量上没有优势。在环境友好性方面，退役电池的处理是制约电池储能大规模发展的一个关键因素，锂离子电池和铅酸（炭）电池原材料不易回收，液流电池的电解液等材料则更易于回收，同时可以产生一定数量的残值。

5．技术特性与适宜应用场景

压缩空气储能、液流电池适用于容量型储能场景，一般可储存 2～10 小时的电量，锂离子电池、铅酸（炭）电池、飞轮储能适用于 2 小时以下的功率型应用场景。随着储能市场的发展和成熟，储能技术应用与细分市场呈现多元化的形态，各种储能技术路线也将向其更适合的应用场景发展。

2.1.3　储能技术路线的技术成熟度和制造成熟度比较

技术成熟度反映了技术对于项目预期目标的满足程度，一般使用技术成熟度等级（Technology Readiness Level，TRL）对技术成熟度进行度量和评测。技术成熟度方法将高难度、高风险的关键技术研发过程分成 9 个级别，可以用于科研项目管理的全过程，是一种提高科研管理尤其是技术风险管理和决策科学性的有力工具。各储能技术路线的技术成熟度对比如表 2-2 所示。

表 2-2　各储能技术路线的技术成熟度对比

储能分类	TRL	TRL1	TRL2	TRL3	TRL4	TRL5	TRL6	TRL7	TRL8	TRL9
	成熟度定义	基本原理	概念研究	实验研究	原理样机	完整测试	模拟环境	真实环境	定型量产	商业应用
电化学储能	锂离子电池	✓	✓	✓	✓	✓	✓	✓	✓	✓
	固态锂离子电池	✓	✓	✓	✓	✓	✓			
	锂硫电池	✓	✓	✓	✓	✓				
	全钒液流电池	✓	✓	✓	✓	✓	✓	✓	✓	✓
	其他液流电池	✓	✓	✓	✓	✓	✓	✓		
	钠硫电池	✓	✓	✓			✓	✓	✓	
	钠离子电池	✓	✓	✓	✓					
	镍氢电池	✓	✓	✓		✓	✓	✓	✓	
	铅酸（炭）电池	✓	✓	✓	✓	✓	✓	✓	✓	✓
	双电层电容器	✓	✓	✓	✓	✓	✓	✓	✓	✓
	混合超级电容器	✓	✓	✓	✓	✓	✓			
机械储能	压缩空气储能	✓	✓	✓			✓	✓	✓	
	超临界压缩空气储能	✓	✓	✓	✓	✓	✓			
	飞轮储能	✓	✓	✓	✓	✓	✓	✓	✓	✓
	超导磁储能	✓	✓	✓	✓	✓	✓			
	抽水蓄能	✓	✓	✓	✓	✓	✓	✓	✓	✓

在机械储能中，抽水蓄能是目前技术成熟且应用最广泛的大规模储能技术路线，与其他储能技术路线相比，抽水蓄能具有容量大、运行寿命长、单位投资成本低等优势，适用于大规模电力系统的"削峰填谷"、清洁能源消纳、调频和事故备用，现已建成的抽水蓄能电站多为发电侧应用。飞轮储能的寿命长、

瞬时功率大，适用于功率型应用，且存在较高的自放电现象，不适用于长时间储能场景。另外，飞轮储能的能量密度较低，在应用时需要配套能量型储能装置。

在电化学储能中，锂离子电池、全钒液流电池和铅酸（炭）电池技术已较为成熟，具有单体容量小、施工安装难度低、建设速度快且配置灵活的优点。近年来，电化学储能发展迅速，其中，全钒液流电池的循环寿命最长、运行安全性较高，且电解液可完全回收，功率和能量可单独设计，但其初始投资成本仍较高，目前仅适用于特定应用场景；而钠硫电池虽具备较高的能量密度，但其需要在高温环境下工作，与锂离子电池等相比效率较低，此外，钠硫电池的初始投资成本较高且其技术水平仍需要进一步提升，因此其在国内的大规模应用受到限制。

本节还从制造成熟度方面对不同储能技术路线进行了评估和比较。制造成熟度等级（Manufacturing Readiness Level，MRL）被用来衡量技术转化过程中的制造风险，实现装备研制生产过程中的优化管理与控制。在储能领域，从技术、工业基础、设计、材料、成本和投资等方面将 MRL 分为 10 个等级，如表 2-3 所示。电化学储能中的锂离子电池成本为 1500～2500 元/千瓦时，在特定应用环境下，目前储能技术成本已与传统储能技术中的抽水蓄能成本相当。从各类储能技术成本下降的驱动力来看，得益于国内新能源汽车行业快速发展引发的动力电池投资扩产热潮，一方面锂离子电池性能快速提升，另一方面产能快速释放带动规模效应出现，进一步助推锂离子电池成本快速降低。铅酸（炭）电池由于能量密度提升空间有限，其单位成本虽受铅金属价格影响较大，但完善的回收体系有望降低其生产成本。相比于其他的储能技术路线，全钒液流电池的生产制造工艺流程短、制造成本低、生产环境要求较低、制造过程对环境影响程度低，可以做到柔性制造、模块化生产，容易快速实施规模化生产。相比于电化学储能，机械储能中的传统压缩空气储能和抽水蓄能较为成熟且应用广泛，抽水蓄能和压缩空气储能具有容量大、运行寿命长等优势，但其在建设过程中受地理环境的制约和影响较大，更适合在电力系统中的发电侧应用，与现有电网侧储能布局灵活、快速建设的需求并不完全匹配。

表 2-3　各储能技术的制造成熟度对比

储能分类	MRL	MRL1 基本原理	MRL2 确定概念	MRL3 开发验证	MRL4 原理样机	MRL5 完整测试	MRL6 模拟环境	MRL7 真实环境	MRL8 小批量产	MRL9 大批量产	MRL10 商业应用
	成熟度定义										
电化学储能	锂离子电池	√	√	√	√	√	√	√	√	√	√
	固态锂离子电池	√	√	√	√	√	√	√	√		
	锂硫电池	√	√	√	√						
	全钒液流电池	√	√	√	√	√		√		√	√
	其他液流电池	√	√	√	√	√	√	√			
	液态金属电池	√	√	√	√	√					
	钠硫电池	√	√	√	√	√	√	√	√	√	
	钠离子电池	√	√	√	√	√					
	镍氢电池	√	√	√	√	√	√	√	√		
	铅酸（炭）电池	√	√	√	√	√	√	√	√	√	√
	双电层电容器	√	√	√	√	√	√	√	√		√
	混合超级电容器	√	√	√	√	√	√				
机械储能	压缩空气储能	√	√	√	√			√	√	√	
	超临界压缩空气储能	√	√	√	√	√	√				
	飞轮储能	√	√	√	√	√	√	√	√		
	超导磁储能	√	√	√	√	√	√				
	抽水蓄能	√	√	√	√	√	√	√	√	√	√

2.1.4　储能成本分析与测算

储能作为一种可调度资源，凭借其可充可放的运行特性，可有效缓解新能源出力不确定性对电力系统造成的影响。由于各种储能技术路线的机理不同，因此其应用场景也有差异。为了评估各种储能技术路线的成本，并分析不同应用场景下适宜的储能技术路线，需要建立适用于各种储能技术路线的成本分析模型。现阶段应用最广泛的模型是全生命周期成本模型。

全生命周期成本又叫平准化度电成本（Levelized Cost of Energy，LCOE），是对项目生命周期内的成本和发电量平准化后计算得到的发电成本，即项目生命周期内的折现成本与项目生命周期内净发电量的折现值之比。其计算公式为

$$LCOE = \frac{Capital}{Generation}$$

其中，Capital 为项目生命周期内的折现成本，Generation 为项目生命周期内净发电量的折现值。

LCOE 是项目生命周期内折现收入总和与折现成本总和相等情况下的电价。简单来说，若折现率为零，则 LCOE 是项目生命周期内累计收入等于累计成本时的电价。LCOE 还可以理解为单位能量产出的价格，在这个价格上净现值等式可以实现，投资者的收益率正好达到基准收益率（折现率）。

1. 抽水蓄能

抽水蓄能电站通过将能量在电能和水的势能之间转换来实现储能，其储能容量主要取决于上下水库的高度差和水库容量。水的蒸发和渗漏现象导致的损失几乎可以忽略不计，因此抽水蓄能的储能周期可以无限延长，可适应各种储能周期需求，系统循环效率可达 70%～80%。建设完成后的抽水蓄能电站坝体可使用约 100 年，电机设备等预计使用年限为 40～60 年。抽水蓄能 LCOE 测算的核心假设如表 2-4 所示。

表 2-4 抽水蓄能 LCOE 测算的核心假设

参数	数值	参数	数值
初始投资成本（元/瓦）	6	系统容量（兆瓦）	200
运维成本（元/瓦）	0.06	系统电量（兆瓦时）	1000
系统残值率（%）	10	放电深度（%）	100
年衰减率（%）	0.4	储能循环效率（%）	75
贴现率（%）	6	年循环次数（次）	300～500
税率（%）	25	系统寿命（年）	30

抽水蓄能电站的初始投资成本与项目选址密切相关，后期新建项目的选址经济性下降，初始投资成本可能会上升。假定抽水蓄能电站的实际年循环次数为 300～500 次，在不考虑充电成本的前提下，预计常规抽水蓄能电站的 LCOE 为 0.23～0.34 元/千瓦时。

2. 压缩空气储能

国内压缩空气储能技术不断进步，500 千瓦、1.5 兆瓦及 10 兆瓦容量等级的示范工程均已建成。从已建成和在建的项目来看，1.5 兆瓦级的系统效率可达52.1%，10 兆瓦级的系统效率可达 70%，系统规模增加后，单位投资成本也持续下降，系统规模每提高一个数量级，单位投资成本可下降约 30%。

压缩空气储能 LCOE 测算的核心假设如表 2-5 所示。

表 2-5 压缩空气储能 LCOE 测算的核心假设

参数	数值	参数	数值
初始投资成本（元/瓦）	5～6	系统容量（兆瓦）	100
运维成本（元/瓦）	0.1	系统电量（兆瓦时）	400
系统残值率（%）	5	储能循环效率（%）	73
贴现率（%）	6	年循环次数（次）	450～600
税率（%）	25	系统寿命（年）	30

初始投资成本和年循环次数的变化对 LCOE 的影响较大。初始投资成本随着储能技术的进步仍有下降空间，年循环次数主要与电站在实际运营中的利用率有关，每天的充放电次数越多，利用率越高。在储能规模为 100 兆瓦/400 兆瓦时的系统中，在初始投资成本为 5～6 元/瓦、年循环次数达到 450～600 次的

情况下，压缩空气储能的 LCOE 为 0.252～0.413 元/千瓦时。

3．锂离子电池

锂离子电池的循环寿命与系统和设备的寿命不匹配，成本和安全性能仍有进步空间。同时，锂离子电池的储能成本受上游材料和产能的影响较大。

锂离子电池 LCOE 测算的核心假设如表 2-6 所示。

表 2-6　锂离子电池 LCOE 测算的核心假设

参数	数值	参数	数值
初始投资成本（元/瓦时）	1.5	系统容量（兆瓦时）	100
运维成本（元/瓦）	0.06	放电深度（%）	90
系统残值率（%）	5	储能循环效率（%）	88
年衰减率（%）	2.5	循环寿命（次）	3500～5000
贴现率（%）	6	年循环次数（次）	500
税率（%）	25	系统寿命（年）	9

假设初始投资成本为 1.5 元/瓦时，年循环次数为 500 次，储能系统寿命为 9 年，则可测得锂离子电池的 LCOE 约为 0.67 元/千瓦时。锂离子电池储能成本随着技术的进步，仍存在较大的下降空间，美国国家可再生能源实验室（National Renewable Energy Laboratory，NREL）预测，2030 年，低成本、中成本、高成本 3 种情形下全球锂离子电池储能成本相比于 2019 年仍有 63%、47%、26%的降幅；而 2050 年相比于 2019 年有 78%、60%、44%的降幅。

4．钠离子电池

钠离子电池在安全性、材料资源可得性、高低温性能、系统寿命、投资成本等方面都表现出良好的性能，其成本在规模化应用后有望低于磷酸铁锂电池。

钠离子电池 LCOE 测算的核心假设如表 2-7 所示。

假设初始投资成本为 0.9～1.2 元/瓦时，系统寿命为 10 年，循环寿命为 2000～6000 次，则钠离子电池的 LCOE 将为 0.270～0.662 元/千瓦时，优于磷酸铁锂电池。

表 2-7　钠离子电池 LCOE 测算的核心假设

参数	数值	参数	数值
初始投资成本（元/瓦时）	0.9～1.2	系统容量（兆瓦时）	200
运维成本（元/瓦）	0.041	放电深度（%）	100
系统残值率（%）	5	储能循环效率（%）	88
年衰减率（%）	1.5	循环寿命（次）	2000～6000
贴现率（%）	6	年循环次数（次）	300
税率（%）	25	系统寿命（年）	10

5. 液流电池

液流电池的系统寿命可达 15～20 年，与风电厂硬件匹配度高，适用于风电厂储能。目前，成本问题仍是全钒液流电池大规模商业应用面临的最大挑战。由于尚未规模化商用，且受制于设备、产能及高额的前期投入，预计全钒液流电池的初始投资成本约为锂离子电池的 3 倍。

液流电池 LCOE 测算的核心假设如表 2-8 所示。

表 2-8　液流电池 LCOE 测算的核心假设

参数	数值	参数	数值
初始投资成本（元/瓦）	11～13	系统容量（兆瓦）	100
运维成本（元/瓦）	0.065	系统电量（兆瓦时）	400
系统残值率（%）	5	放电深度（%）	100
贴现率（%）	6	循环寿命（次）	12000～20000
储能循环效率（%）	75	年循环次数（次）	600

初始投资成本和年循环次数的变化对液流电池的 LCOE 影响较大，初始投资成本随着技术的进步仍有下降空间；年循环次数取决于电站实际运营中的利用率，每天充放电次数越多，成本越低。在储能规模为 100 兆瓦/400 兆瓦时的系统中，在初始投资成本为 11～13 元/瓦、年循环次数达到 600 次时，液流电池的 LCOE 为 0.44～0.69 元/千瓦时。

6. 电池储能项目的未来成本预测

学习曲线是一种有效的成本预测方法，可以利用数据和资料为企业经营管理工作提供预测和决策依据，反映累计产量的变化对单位成本的影响，累计产量的变化率与单位工时或成本的变化率之间保持一定的比例关系。

电池储能的技术成熟度和制造成熟度较高，是目前及近、中期新型储能的主流技术路线，本节重点分析锂离子电池、全钒液流电池、铅酸（炭）电池3 种储能技术路线的竞争性。我们将对不同年份的初始投资成本（系统成本）和全生命周期成本（平准化度电成本）进行拟合分析，得到 3 条不同的学习曲线，如图 2-10 所示。可以看到，2010—2020 年，这 3 种储能技术路线的系统成本显著下降，2010 年锂离子电池、全钒液流电池和铅酸（炭）电池的系统成本分别为 10900 元/千瓦时、12000 元/千瓦时和 3000 元/千瓦时。2010—2020 年，它们的系统成本年均分别下降了约 15.6%、13.2% 和 10.4%。预计，2020 年之后的 5～10 年，铅酸（炭）电池的系统成本将基本稳定，下降空间不大，锂离子电池随着技术的进一步迭代，系统成本将有一定幅度的下降，但是由于资源的限制，其下降幅度会受到影响，全钒液流电池的系统成本将进一步下降，主要因为未来 5 年内规模化项目的实施、新型技术的产生和落地，以及电解液等关

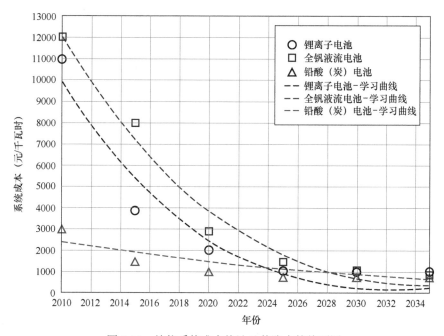

图 2-10　储能系统成本统计及其降本趋势预测

键材料的规模化生产。预计 2025 年前后，全钒液流电池与锂离子电池的系统成本将基本相当。

由 3 条学习曲线可以看出，全钒液流电池的初始投资成本最高，但是随着国内液流电池生产制造技术的不断进步、材料技术的突破，以及国内产业链的完善，特别是随着膜材料的国产化及替代产品的出现，电堆成本大幅下降，甚至其系统成本将在未来几年低于技术成熟的锂离子电池。铅酸（炭）电池的优势是价格低廉，然而随着锂离子电池、液流电池等技术的进步和成本的降低，铅酸（炭）电池在储能领域的应用占比会逐步降低。

图 2-11 是以上 3 种储能技术路线的 LCOE 学习曲线。2010—2020 年，这 3 种储能技术路线的 LCOE 都大幅下降，主要原因是，示范应用项目带动产业链逐步完善，同时技术创新也发挥了一定的作用，未来这 3 种储能技术路线的 LCOE 将持续下降。铅酸（炭）电池由于其储能循环效率相对较低、系统寿命相对较短及放电深度相对较低，因此虽然其系统成本不高，但是总体上还是导致其 LCOE 高于其他两种储能技术路线。全钒液流电池由于其在循环寿命和放电深度两方面具有优势，因此其 LCOE 低于其他两种储能技术路线。

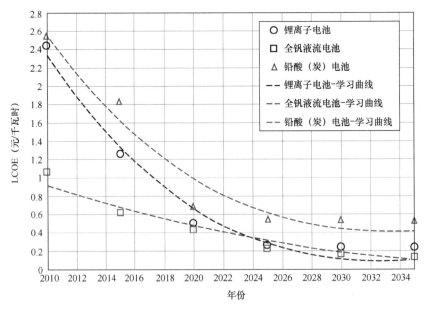

图 2-11 3 种储能技术路线的 LCOE 学习曲线

2.2　国内外储能产业发展[①]

2.2.1　全球储能产业发展概况

储能是智能电网、可再生能源高占比能源系统、能源互联网的重要组成部分和关键支撑技术。随着各国政府对储能产业相关支持政策的陆续出台，储能市场投资规模不断扩大，产业链布局不断完善，商业模式日趋多元，应用场景加速延伸。

从总体装机容量来看，根据中关村储能产业技术联盟（CNESA）数据库的不完全统计，截至 2022 年年底，全球已投运储能项目累计装机容量达到 237.2 吉瓦，同比增长约 13.3%（见图 2-12）。其中，抽水蓄能累计装机容量占比约为 79.3%，同比下降约 6.8 个百分点，装机容量占比首次低于 80%；熔融盐储热累计装机容量占比约为 1.4%；新型储能累计装机容量首次突破 40 吉瓦，达到 45.7 吉瓦，同比增长约 80%，装机容量占比约为 19.3%；在新型储能中，

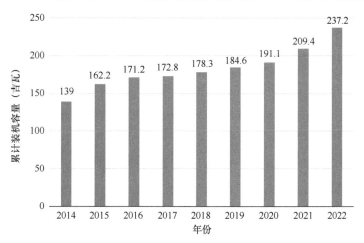

图 2-12　2014—2022 年全球已投运储能项目累计装机容量

数据来源：CNESA。

---

① 本节数据来自中关村储能产业技术联盟的《储能产业研究白皮书 2023》。

锂离子电池占据绝对主导地位，市场份额约为 94.4%；压缩空气储能的市场份额约为 1.3%；铅蓄电池的市场份额约为 1.4%；钠硫电池的市场份额约为 1.1%；飞轮储能的市场份额约为 1.0%；液流电池的市场份额约为 0.6%；其他类型储能的市场份额约为 0.2%（见图 2-13）。

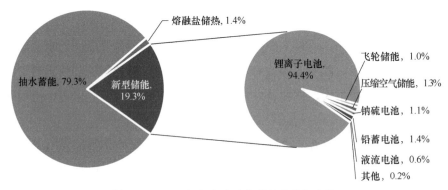

图 2-13 2022 年年底全球各类储能装机占比

数据来源：CNESA。

从新增装机容量来看，2022 年，全球新增投运储能项目装机容量约 30.7 吉瓦，同比增长约 98%。其中，新型储能装机容量占比近 2/3，新增投运储能项目装机容量首次超过 20 吉瓦，达到 20.4 吉瓦，是 2021 年同期的 2 倍（见图 2-14）。

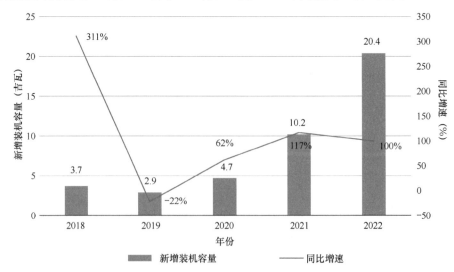

图 2-14 2018—2022 年全球新增投运新型储能项目装机容量

数据来源：CNESA。

　　从已投运储能项目的区域分布来看，2022 年，全球已投运新型储能项目装机容量占比排名前 3 位的国家和地区分别为中国（29%）、美国（25%）和欧洲（25%），这 3 个国家和地区已投运新型储能项目装机容量合计约占全球总装机容量的 79%，大幅度领先全球其他国家和地区。日本和韩国（日韩）已投运新型储能项目装机容量约占全球总装机容量的 10%，澳大利亚已投运新型储能项目装机容量约占全球总装机容量的 5%，除中国、日本、韩国外的亚洲其他国家已投运新型储能项目装机容量约占全球总装机容量的 3%，拉丁美洲已投运新型储能项目装机容量约占全球总装机容量的 1%，非洲已投运新型储能项目装机容量约占全球总装机容量的 1%，其他国家和地区已投运新型储能项目装机容量约占全球总装机容量的 1%（见图 2-15）。

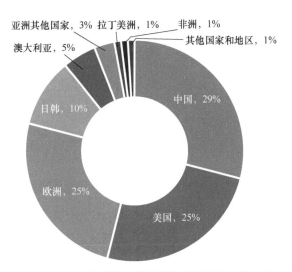

图 2-15　2022 年全球已投运新型储能项目装机容量地区分布

数据来源：CNESA。

　　从新增投运储能项目的区域分布来看，中国、欧洲和美国引领全球新型储能产业高速发展，2022 年中国新增投运新型储能项目装机容量占全球总装机容量的比重达到约 36%，欧洲新增投运新型储能项目装机容量占全球总装机容量的 26%，美国新增投运新型储能项目装机容量约占全球总装机容量的 24%，三者仍然处于第一梯队。澳大利亚新增投运新型储能项目装机容量约占全球总装机容量的 4%，日本新增投运新型储能项目装机容量约占全球总装机容量的 3%，东南亚其他国家和地区新增投运新型储能项目装机容量约占全球总装机容量的 2%，拉丁美洲新增投运新型储能项目装机容量约占全球总装机容量的 2%，其他国家和地区新增投运新型储能项目装机容量约占全球总装机容量的 3%（见图 2-16）。

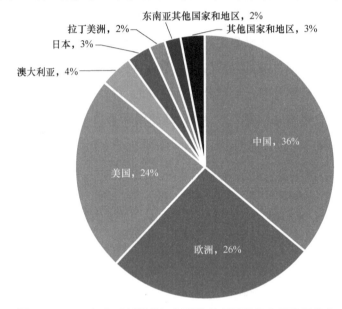

图 2-16　2022 年全球新增投运新型储能项目装机容量地区分布

数据来源：CNESA。

中国在 2022 年超越美国成为全球已投运新型储能项目装机容量最多的国家，新增装机容量屡创新高。2022 年，中国新增投运电力储能项目装机容量首次突破 50 吉瓦，达到 59.8 吉瓦，其中，新增投运新型储能项目装机容量首次突破 10 吉瓦，达到 13 吉瓦，同比增长约 128%；在新型储能项目中，锂离子电池和压缩空气储能均有百兆瓦级项目并网运行或开工建设。近年来，我国从中央到地方各级政府密集出台了一系列储能利好政策，如鼓励或强制配储政策推动"新能源+储能"领域储能项目装机容量的快速增长。当前，中国大规模储能项目陆续启动，储能技术迅猛发展。同时，调峰、调频辅助服务和峰谷电价套利是当前中国电化学储能最主要的收益渠道，储能产业呈现蓬勃发展的良好局面。英国伍德麦兹咨询公司认为，受《"十四五"新型储能发展实施方案》推动，中国将持续主导亚太储能市场，预计到 2031 年，新型储能项目装机电量需求将超过 400 吉瓦时。

美国已投运储能项目装机容量仅次于中国，新增投运新型储能项目装机容量处于高速增长阶段。2022 年，美国新增投运储能项目装机容量突破 4 吉瓦，虽然新增投运储能项目装机容量同比增速同 2020 年和 2021 年相比有所下降（均超过 100%），但美国仍然是全球最重要的储能市场之一。从应用场景来看，90% 的装机份额来自表前应用，并且以电源侧新能源项目配置储能、独立储能电站为主；从项目规模来看，美国单个电池储能项目的装机容量越来越大，2022 年低功率规模均值与 2021 年同期相比，增幅超过 60%。英国伍德麦肯兹咨询公司发布的研究报告 *Global energy storage market outlook update: Q2 2022* 预计，未来 10 年内美国仍将是储能市场的领导者，到 2031 年美国将成为年均部署 27 吉瓦储能系统的储能市场。

欧洲是仅次于中国和美国的全球第三大储能市场，欧洲储能市场自 2016 年以来，装机容量持续增长，且呈现快速增长态势。2022 年，欧洲新增投运储能项目装机容量突破 5 吉瓦，同比增长约 127%。受俄乌冲突影响，欧洲地区能源危机加剧，一次能源价格暴涨导致居民用电价格大幅上涨，从而刺激了欧洲地区表后家用储能市场的迅速发展。2022 年，欧洲地区新增储能项目装机容量中，大约有 70% 来自户用侧表后储能。2022 年，德国、意大利、奥地利和英国成为欧洲前四大家用储能市场，据欧洲光伏产业协会（Solar Power Europe，SPE）预测，2026 年欧洲家用储能市场电量规模有望达到 44.4 吉瓦时，实现近 5 倍的增长；在表前储能市场方面，储能正在成为越来越多欧洲国家的电力市场主体。因此，欧洲表前储能项目也从以英国和德国为主，逐步向爱尔兰、法国、比利时、意大利、希腊、西班牙等国家规划延伸。根据欧洲储能协会（European Association for Storage of Energy，EASE）部署，欧洲地区 2030 年将部署储能装机容量 187 吉瓦，2050 年将部署储能装机容量 600 吉瓦。

2.2.2　中国储能市场发展概况

从装机总规模来看，根据 CNESA 不完全统计，截至 2022 年年底，中国已投运电力储能项目累计装机容量达到 59.8 吉瓦（见图 2-17），约占全球总装机容量的 25%。其中，抽水蓄能累计装机容量占比约为 77.1%，熔融盐储热累计装机容量占比约为 1.0%。新型储能继续保持高速发展态势，截至 2022 年年底，累计装机容量突破 10 吉瓦，达到 13 吉瓦，年增长率达到 128%；新型储能中，锂离子电池装机容量占据绝对主导地位，市场份额约为 94.0%；压缩空气市场份额约为 1.5%；铅蓄电池市场份额约为 3.1%；飞轮储能市场份额约为 0.1%；液流电池市场份额约为 1.2%；超级电容器储能市场份额约为 0.1%（见图 2-18）。

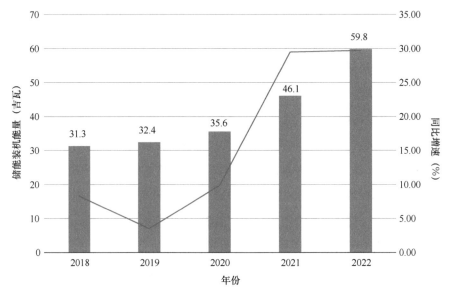

图 2-17　2018—2022 年中国储能装机容量与同比增速

数据来源：CNESA。

从新增投运电力储能项目装机容量来看，2022 年，中国新增投运电力储能项目装机容量首次突破 15 吉瓦，达到 16.5 吉瓦左右，同比增长约 114%。其中，新增投运抽水蓄能装机容量约为 9.1 吉瓦，同比增长约 75%；新增投运新型储能项目装机容量再创历史新高，达到 7.3 吉瓦，同比增长约 200%。

从已投运项目区域分布来看，截至 2022 年年底，中国已投运的新型储能项目累计装机容量达百兆瓦级的省份有 21 个，比 2021 年同期增加 6 个。累计装机容量达吉瓦级的省份由 2021 年同期的 1 个增加至 5 个。累计装机容量排名前

10 位的省份分别是：山东、江苏、内蒙古、宁夏、广东、湖南、新疆、甘肃、青海和安徽（见图 2-19），这 10 个省份的累计装机容量合计约为 9.7 吉瓦，约占国内市场总装机容量的 74%。山东超越江苏，成为我国新型储能项目累计装机容量最高的省份，累计装机容量约为 1.4 吉瓦，约占全国新型储能市场总装机容量的 11%。

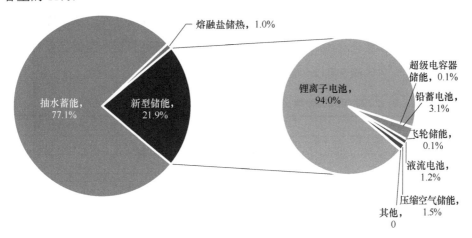

图 2-18　2022 年年底中国各类储能装机容量占比

数据来源：CNESA。

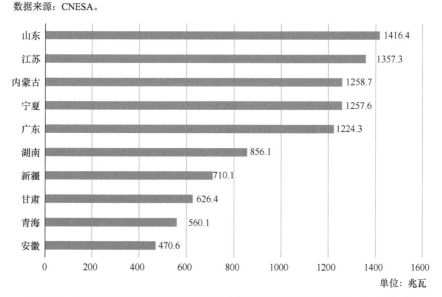

图 2-19　2022 年我国已投运新型储能项目累计装机容量排名前 10 位的省份

数据来源：CNESA。

宁夏累计装机容量实现跨越式增长，由 2021 年同期的兆瓦级跃升至吉瓦级，是所有省份中新型储能项目累计装机容量增幅最大的省份。

从新增项目区域分布来看，2022 年我国新增投运新型储能项目主要分布在 30 个省份（含港澳台地区）中，18 个省份的新增投运新型储能项目装机容量达百兆瓦以上，新增投运新型储能项目装机容量排名前 10 位的省份分别是宁夏、内蒙古、山东、新疆、湖南、甘肃、湖北、广东、江苏和浙江，新增投运新型储能项目装机容量合计约 5.9 吉瓦，约占当年全国新增投运新型储能项目总装机容量的 80%（见表 2-9）。

表 2-9　2022 年我国新增投运新型储能项目装机容量排名前 10 位的省份

排名	省份	装机容量（兆瓦）
1	宁夏	1256.0
2	内蒙古	928.1
3	山东	710.7
4	新疆	553.0
5	湖南	526.4
6	甘肃	489.0
7	湖北	411.8
8	广东	404.7
9	江苏	345.5
10	浙江	256.4

数据来源：CNESA。

2.2.3　储能产业典型应用场景

1. 发电侧储能

储能技术是实现能源多样化的核心基础。风电和光伏发电等新能源都具有不稳定、不连续的特点，其大规模并网必然会对原有电力系统造成一定的冲击。储能技术可以平抑风电出力波动，从而大大减轻电网稳定运行（电压稳定、频率稳定、潮流可控及有序调度）的压力。与此同时，储能系统还可通过降低电压波动实现电压暂降，稳定电能质量，辅助风电参与调峰。

2. 电网侧储能

电网是一个"发输配用"瞬间完成的动态供需平衡系统,不仅要确保功率(包括有功功率和无功功率)平衡,还要控制电压和频率在一定的范围内波动,同样要保障电网谐波、三相平衡度等指标满足要求。目前,电网维持这种供需平衡和控制电能质量水平在很大程度上依赖各级调度部门(我国采用的是国调、区调、省调和地调四级调度体制)。在电网侧配置大规模(独立式或分布式)电池储能电站,将可以全部或部分替代现有火电调峰机组、调频机组、事故备用机组、无功发电机组、可控负荷等,具有非常大的经济价值。

3. 用户侧储能

目前,我国很多地区工业用电实行峰谷电价政策,不同时段的电价不同。储能技术可实现在电价低谷期时将电能储存起来,在电价高时再释放出来。随着储能技术的不断发展及电池成本的不断下降,企业利用储能技术实现电价"削峰填谷"已成为可能,这也是目前用户侧储能的"常规动作"。除此之外,储能系统还可以帮助用户降低停电风险、提高电能质量、降低容量电费、参与需求侧响应等,发挥多重价值。

2.2.4 储能产业未来发展趋势

1. 储能市场规模继续保持增长

从全球来看,储能市场正在以前所未有的速度增长。国际可再生能源机构(International Renewable Energy Agency,IRENA)预测,到 2030 年全球储能装机容量将达到 230 吉瓦以上;彭博新能源财经(Bloomberg NEF,BNEF)预测,到 2030 年全球新增储能装机规模将达到 58 吉瓦/178 吉瓦时,中国最早可能在 2025 年超过美国,成为全球最大的储能市场,印度将可能在 2030 年成为全球第三大储能市场。英国伍德麦肯兹咨询公司预计,到 2050 年全球储能市场累计装机规模将达到 16.76 亿千瓦/58.27 亿千瓦时，中国、美国和印度的储能装机容量将排名前三位，占据全球储能总装机容量的 30%以上。

2．储能应用场景更加多元

1）共享储能

共享储能是指将分散的电源侧、电网侧、用户侧储能资源进行整合，交由电网进行统一协调。在该场景下，通过双边协商、双边竞价及单边调用等模式，可以降低新能源电站的弃电量，提高储能资源的利用率、电网系统的调节能力和稳定性，也能促进储能形成独立的辅助服务提供商身份。对于新能源企业，共享模式能够降低新能源配套储能的建设成本，减少日常运维成本，并能够使新能源企业享受电网侧储能峰谷电价差的收益，提高项目收益率，缩短投资回收期。

2）多地发布政策支持共享储能发展

除国家多份文件指出鼓励探索共享储能模式外，甘肃、宁夏、山东、湖南等 10 余个省份也发布了支持共享储能的文件，部分省份更鼓励新能源场站优先租赁共享储能。据不完全统计，2022 年，我国新增共享储能项目达 127 个，建设规模达到 17.15 吉瓦/ 38.01 吉瓦时。

3．虚拟电厂

虚拟电厂是重要的新兴应用场景，平均每年投资建设规模或超百亿元。虚拟电厂基于物联网（IoT）、云服务、人工智能（AI）等信息技术将可控负荷、分布式电源、储能等资源汇聚起来，并以虚拟化的"电厂"参与电力市场，主要业务场景包含辅助服务、需求响应、市场化交易、能效管理。据测算，在满足经营区内 5%峰值负荷的前提下，虚拟电厂投资仅为煤电机组投资的 1/10。据估算，到 2025 年，虚拟电厂的投资建设市场规模将超过 300 亿元。

多地明确提出规划方案支持该领域发展，2025 年运营市场规模将达到近千亿元。截至 2022 年 9 月，天津、河南、浙江、山东、山西等 17 个省份均出台了相关政策，促进虚拟电厂建设，打造虚拟电厂生态体系，提升电力系统灵活性调节能力。据估算，2025 年虚拟电厂运营市场规模将达到 968 亿元，2030 年将超过 4500 亿元。

4．光储充一体化电站

光储充一体化电站既能为电动汽车提供绿色电能，又能实现电力削峰填谷等辅助服务功能，可有效提高系统运行效率。光伏发电、储能电池和充电桩是光储充一体化的核心，电站利用储能系统在夜间进行储能，在充电高峰期通过储能电站和电网为充电站供电，既能实现削峰填谷，又能节省配电增容费用，还能有效解决新能源发电间歇性和不稳定性等问题。光储充的应用场景多样，占地面积不大，获利模式较为多样。

未来随着组件成本的进一步降低，在强有力政策引导、政府补贴和头部企业试点示范项目的引导下，光储充一体化充电桩大规模落地有望为国内厂商提供更多的市场发展机遇。截至 2023 年年底，我国新能源汽车保有量已突破2000 万辆；据东南大学电气工程学院黄学良教授预测，2030 年我国新能源汽车保有量将达到 8300 万辆，等效储能电量将达到 50 亿千瓦时，车辆充电需求将占全社会用电量的 6%～7%，最大充电负荷将占电网负荷的 11%～12%。随着充电桩需求的增加、分布式能源的普及，以及绿电交易模式的日趋成熟，光储充一体化充电桩将会有很大的发展空间。

5．电池储能系统成本继续快速下降

综合各研究机构数据，储能系统的成本正在快速下降。彭博新能源财经（BNEF）发布的《2021 年电池价格调查》显示，锂离子电池组价格在 2020 年还高于 1200 美元/千瓦时，而到 2021 年实际价格已同比下跌 6%。美国国家可再生能源实验室（NREL）发布的《2021 年度技术基线报告》预测，到 2030 年，电池储能系统成本将会大幅降低，并将呈现继续快速下降的趋势；到 2050 年，其成本下降速度才有可能放缓。但是需要指出的是，2021 年下半年以来，大宗商品价格的上涨和电解质等关键材料成本的提升，会在一定程度上给储能行业

发展带来压力。为此，需要供应链全环节的持续研发投入和产能扩张，以便在未来 10 年改进电池技术并降低成本。

2.3 国内外储能发展战略、政策与市场机制

2.3.1 美国储能发展概况

1. 总体发展战略

2020 年，美国能源部（DOE）发布《储能大挑战路线图》，旨在加快美国新型储能的开发、商业化和利用，力图保持美国在储能领域的全球领先地位，在储能技术应用领域实现美国的战略目标。其中，美国创新目标主要是，通过美国能源部对美国储能技术的投资，使美国在储能研发方面保持领先地位；美国制造目标则通过降低储能技术的成本，增强美国国内产业链，减少对国外材料和零部件的依赖；全球部署则是与相关利益方合作，储能技术除满足国内使用需求、在国内市场部署技术外，还向世界各地出口储能产品和服务。

2. 政策法规

美国联邦层面支持储能发展的政策包括美国联邦能源监管委员会（Federal Energy Regulatory Commission，FERC）发布的法令，以及一系列的储能投资税收抵免政策（见表 2-10）。2007 年，FERC 第 890 号法令允许非发电机资源参与 RTO/ISO 辅助服务市场，且储能可参与辅助服务市场。2011 年，FERC 第 755 号法令要求，其管辖的各大电力批发市场对传统辅助服务产品中调频服务的报偿机制进行改革，储能在调频服务中的收益得到提升。2018 年，FERC 第 841 号法令尝试赋予储能市场主体的地位，消除储能参与电力市场的各种限制，通过市场竞争的方式配置储能资源。2022 年，《通胀削减法案》（IRA）将独立储能纳入美国国际贸易委员会（ITC）税收抵免补贴范围。

表 2-10　美国联邦层面支持储能发展的政策

时间	法案名称	主要内容
2006 年	联邦商业能源投资税收抵免	私营单位、住宅侧用户在安装光伏发电系统的同时配备储能，可获 30%的税收抵免。到 2022 年税收抵免退坡至 26%，到 2023 年退坡至 22%
2007 年	FERC 第 890 号法令	允许非发电机资源参与 RTO/ISO 辅助服务市场，禁止对输电服务进行不当的歧视和优惠。储能可参与辅助服务市场
2011 年	FERC 第 755 号法令	提出"基于里程"的方式来对提供调频服务的产品进行补偿，即补偿不要基于调频服务的容量，还要包括其跟随调度信号向上向下行走的总"距离"。储能在调频服务中的收益得到提升
2018 年	FERC 第 841 号法令	消除储能参与容量、电能量和辅助服务市场的障碍。该法令要求区域传输组织（RTO）或独立系统运营商（ISO）针对储能系统的物理、运行特性，建立包含市场规则在内的参与模型，为储能参与批发市场创造条件
2019 年	完善储能技术法案（Better Energy Storage Technology Act，BEST Act）	5 年内拨款 10.8 亿美元，用于能源储存、微电网和分布式能源项目
2020 年	《储能大挑战路线图》	到 2030 年，开发能满足所有美国市场需求的美国国内制造储能技术。长期固定应用储能的 LCOE 降至 0.05 美元/千瓦时，以 2020 年为基础，到 2030 年降低 90%；保障多种用途的商业储能可行性。到 2030 年实现 300 英里范围电动车的电池组制造成本为 80 美元/千瓦时，与当前 143 美元/千瓦时的成本相比降低 44%
2021 年	2 万亿美元基础设施建设计划	2035 年实现 100%无碳电力、清洁能源发电和储能的直接支付，投资税收抵免及生产税收抵免期限延长 10 年
2021 年	"长时储能攻关"计划	未来 10 年内，将引入数百吉瓦的清洁能源到电网中，并将储能时间超过 10 小时的系统成本降低 90%。美国能源部在 2022 财年预算中，将为储能大挑战计划提供 11.6 亿美元的资助，以解决储能发展的技术挑战和成本障碍，建立一个美国本土储能制造业，帮助实现气候和经济竞争力目标
2021 年	美国国家锂电发展蓝图 2021—2030（National Blueprint for Lithium Batteries 2021—2030）	旨在建立可持续的美国国内锂电池供应链，发展满足日益增长的储能市场需求的制造基地。支持美国国内电极、电池和电池组的制造，并鼓励对锂离子电池的需求增长。支持电池报废再利用和关键材料的大规模回收，将退役电动汽车的电池单元再利用于电网储能
2022 年	两党基础设施法	启动 5.05 亿美元倡议，促进长时储能的部署并降低其成本。同时，拨款 2600 万美元用于太阳能、风能及储能的可靠使用

时间	法案名称	主要内容
2022 年	《通胀削减法案》（IRA）	计划投资 3690 亿美元用于能源和气候变化领域。首次将独立储能纳入 ITC 税收抵免补贴范围，并将抵免划分为基础抵免和额外抵免。其中基础抵免额度由 26%上升至 30%，补贴退坡延期至 2033 年。额外抵免为新增部分，比例为 10%～40%。同时，停征东南亚进口太阳能光伏发电组件"双反"关税

美国各州在电力市场监管和储能发展上的政策是相对独立的。目前，有 15 个州正式颁布了至少一项旨在消除储能障碍的实质性立法或监管政策，其他各州也正在开放监管文件和制定法规等方面进行努力（见表 2-11）。各州的储能支持政策可以归纳为 3 种类型：①由公用事业监管部门直接制定储能采购任务；②提供税收抵免等财政激励措施；③对配置储能的分布式光伏发电采用净电量结算（Net Energy Metering，NEM）的方式，即以市场的零售电价对分布式光伏发电给予固定支付。

表 2-11　美国各州最新的储能政策

州名	时间	主要内容
亚利桑那州	2017 年	实施 200 万美元的年度计划，为大型商业客户部署储能系统以减少峰值需求提供支持
加利福尼亚州	2021 年	将每年自发电激励计划额度的 10%用于高火灾风险地区的关键设施储能
马里兰州	2017 年	为居民储能系统提供最多 5000 美元的个人所得税税收抵免，为商业用户储能系统提供 30%（不超过 75000 美元）的税收抵免
马萨诸塞州	2019 年	对储能结合光伏发电系统采取净计量的方式
明尼苏达州	2018 年	允许公用事业公司回收储能示范项目的成本
新泽西州	2018 年	计划到 2020 年部署 600 兆瓦储能，到 2030 年部署 2000 兆瓦储能
纽约州	2018 年	到 2025 年部署 1500 兆瓦储能，到 2030 年部署 3000 兆瓦储能
俄勒冈州	2015 年	要求该州两大公用事业公司到 2020 年各自投资 5 兆瓦时的储能装机电量，相当于 2014 年峰值负荷的 1%
弗吉尼亚州	2020 年	计划到 2035 年部署 3100 兆瓦储能
华盛顿州	2013 年	为公用事业提供 1430 万美元的配套资金，以部署 4 个公用事业规模的储能项目，测试不同的使用案例

3. 市场概况

根据储能系统的应用场景不同，美国储能应用包括表前（Front of the Meter，FTM）和表后（Behind the Meter，BTM）两类。对应于国内应用场景的划分，表前通常指电网侧和发电侧；表后指家庭和工商业企业等用户侧。

美国表前储能市场分属于不同的区域电力市场，较大的有宾夕法尼亚－新泽西－马里兰州（Pennsylvania-New Jersey-Maryland，PJM）联合电力市场、加利福尼亚州独立系统运营商（California Independent System Operator，CAISO）市场、得克萨斯州电力可靠性委员会（Electric Reliability Council of Texas，ERCOT）市场等。储能的市场供给方首先是独立发电商，其装机容量占比约为 56%，装机电量占比约为 38%。其次是投资者拥有的公用事业公司，装机容量占比约为 20%，装机电量占比约为 36%。表前市场的主要应用有调峰、调频、旋转备用、存储过剩的新能源发电、平滑新能源出力、负载管理等。根据 BNEF 统计，2020 年美国新增储能主要来自表前市场，装机容量占比高达 80%。新增电化学储能中表前市场装机容量约为 852 兆瓦，同比增加约 297%。

表后市场对应的是安装在居民用户和工商业的储能装机。据美国能源信息署（EIA）统计，2019 年 402 兆瓦的小规模电力存储容量中，约有 41%安装在商业部门、41%安装在住宅部门、14%安装在工业部门。据 BNEF 统计，2020 年表后电化学储能市场新增装机容量约 209 兆瓦，其中新增户用装机容量约 154 兆瓦，同比增加约 63%，装机容量占比为 15%；新增工商业装机容量约 55 兆瓦，同比降低约 24%，装机容量占比约为 5%。表后储能基本与光伏发电捆绑安装，在白天阳光充足时可以自发自用，多余的电量则储存在储能系统中用于夜间使用。

美国的电力市场正在经历重大的结构性变化，储能系统在未来数年内也有着较大的装机需求。根据 EIA 2021 年的规划数据，2021—2023 年，电网中大规模电池储能的安装能力将超过 12000 兆瓦，是 2019 年储能装机容量的 10 倍。

2.3.2　欧洲储能发展概况

1．总体发展战略

欧洲是应对全球气候变化的先导者，率先提出 2050 年碳中和目标，再生能源逐步替代化石能源成为发电的主力军。与此同时，随着新能源大规模并网对电力系统的冲击超过其本身的调节能力，欧洲各国逐渐意识到储能的重要性。目前，欧洲尚未对储能发展进行整体战略定位和规划，但部分国家已将储能作为未来清洁能源发展的重要组成部分。英国于 2017 年提出了"智能系统与灵活性计划"（Upgrading Our Energy System: Smart Systems and Flexibility Plan），明确储能的各项资质与性质，消除储能等智慧能源的发展障碍，提升电网对储能的兼容性；又于 2020 年提出取消储能部署的容量限制要求。欧盟于 2019 年出台"欧洲绿色协议"（The European Green Deal），提出将大力支持家用储能市场发展，消除发展中可能存在的财务障碍。

2．政策法规

欧盟主要通过公共资金支持和长期研究计划来推动储能技术的发展，特别是电池技术的进步，欧盟储能政策如表 2-12 所示。欧洲各国近年来出台了多样化的政策支持储能发展，相关政策可以分为 3 类：①为储能的研究与应用提供补助。德国从 2012 年开始已累计为储能系统商业化应用提供了 2 亿欧元的资助，同时为户用光伏安装储能设备提供上限 5000 万欧元的补贴，另外德国有多个州也为储能装机提供容量补贴；英国于 2020 年提供 1000 万英镑支持储能的部署；意大利为了提高住宅和商业光伏发电系统中储能系统的使用率，将提供高达 3000 欧元的返利。②放宽储能参与电力市场的限制。英国从 2016 年开始允许包括电化学储能在内的新兴储能参与容量市场竞拍，并在 2017 年发布的"智能系统与灵活性计划"中将储能定义为发电资产的一部分，消除了储能参与电力市场的各种障碍；法国、意大利、奥地利等多个国家都已允许或正在试点储能参与辅助服务。③为储能提供税费优惠。德国免除部分表前储能的电网电价和税收，比利时也免征储能的部分电费，法国用于电力公共服务的储能可以抵消一部分成本，意大利、荷兰等国家取消了对大规模储能系统的双重征税，意大利、瑞典等国家则对储能装机提供了税收抵免。

表 2-12 欧盟储能政策

时间	政策	主要内容
2017 年	《能源技术战略规划》（Strategic Energy Technology Plan，SET-Plan）	确定电池研究的重点领域：材料、设计、制造技术、应用和集成、回收
2017 年	《储能技术发展路线图》（Energy Storage Technology Roadmap）	推动组建欧洲电池联盟（EBA）、欧洲技术与创新平台"电池欧洲"（Batteries Europe），推进"电池 2030+"（Battery 2030）联合计划
2018 年	《电池战略行动计划》（Strategic Action Plan on Batteries）	设立规模为 10 亿欧元的新型电池技术旗舰研究计划
2018 年	"地平线 2020"（Horizon 2020）	明确支持可再生能源存储技术和有竞争力的电池产业链
2020 年	《电池战略研究议程》（Strategic Research Agenda for Batteries）	明确到 2030 年，欧盟在电池应用、制造与材料、原材料循环经济、欧洲电池竞争优势 4 个方面的关键行动

在各国激励储能发展的政策中，德国和英国无论在支持力度，还是市场机制方面都最为积极。目前欧洲的储能市场也主要由德国和英国主导。

3．市场概况

欧洲储能市场经过近 10 年的发展，取得了显著的增长。在传统储能方面，抽水蓄能的装机容量约占欧洲储能市场总装机容量的 94%，其中西班牙和德国的装机容量最大；德国的 290 兆瓦/580 兆瓦时压缩空气储能项目是欧洲第一个也是唯一一个压缩空气储能运营项目。电化学储能成为欧洲储能增速最快的市场。据欧洲储能协会（EASE）统计，截至 2020 年，欧洲电化学储能的累计电量规模达 5.26 吉瓦时，其中新增储能装机规模 1.2 吉瓦/1.9 吉瓦时，同比增长约 45%。

欧洲各国居民用电价格较高，同时补贴政策主要针对用户侧"光伏发电＋储能"应用场景，因此表后储能应用发展迅速，且户用储能占据绝对主导地位。据 BNEF 统计，截至 2020 年，欧洲户用储能累计装机容量约为 1.6 吉瓦，市场规模居全球第一，其中户用储能新增装机容量约为 641 兆瓦，同比增长约 90%，约占新增市场装机容量的 52%；德国 2020 年新增户用储能装机规模 552 兆瓦/1.02 吉瓦时，总装机容量约为 2.3 吉瓦。据 SPE 统计，2015—2020 年欧洲新增户用储能装机容量的复合增长率约为 55%，2021 年户用储能市场的电量规模约为 1.82 吉瓦时。

2.3.3 其他主要国家储能发展概况

1. 日本

日本资源匮乏，日本政府十分重视储能技术在优化本国能源结构中的作用。2016 年，日本发布面向 2050 年的能源环境技术创新战略，明确将电化学储能技术纳入五大技术创新领域，提出重点研发低成本、安全可靠的先进储能电池技术。2021 年，日本发布《日本基本能源计划》，鼓励可再生能源发展，激发储能行业需求；2022 年，日本发布《蓄电池产业策略》，为完善蓄电池制造和利用环境，将在电动汽车和储能等领域投资约 240 亿美元，目标是：到 2030 年，将日本电动汽车和储能电池行业的产能提高到 150 吉瓦时，全球产能达到 600 吉瓦时。

日本从政策导向、资金支持、技术研发等多个方面综合发力促进储能产业快速发展。在政策导向方面，鼓励新能源市场主体增加储能，部分地方建立强制配储要求。要求太阳能独立发电厂、电网公司装备一定比例的电池或购买辅助服务，稳定电力输出和输电频率；北海道和冲绳等地区强制要求所有 2 兆瓦以上的光伏发电项目安装储能系统。在资金支持方面，从储能技术、项目推广和项目运营等方面给予资金补贴。2014 年，日本经济产业省提供 100 亿日元，针对电量规模 1 千瓦时以上的储能系统实施 2/3 的出装补贴；次年提供 8 亿美元补贴支持工商业、住宅用户的储能系统建设；2016 年，向工厂和小型企业拨款 7790 万美元，激励太阳能发电厂和变电站加强储能系统的使用；2019 年，为包含 208 款户用储能产品的"零能源住宅"（Zero Energy House，ZEH）计划提供 551.8 亿日元补贴，驱动家庭储能持续高增长。在技术研发方面，日本经济产业省提出高性能的储能技术路线图，到 2040 年储能设备寿命由 10 年延长至 20 年，费用由 40000 日元/千瓦时降至 15000 日元/千瓦时；通过金属空气电池、加强型锂离子电池等，大力提高电池储能运行性能，同时加快储能关联技术的研发，包括住宅能源管理系统、大厦能源管理系统、地方级别的能源管理系统。

电力行业改革拆分、企业抢抓新兴技术等措施均促进了储能市场的快速发展。随着日本第五次电力市场化改革的推进，电力零售市场全面开放，能源服务商可以售电给电池储能系统，配置储能的光伏电站不断增多，电网公司也在投资安装一些大型储能电站，以保证电网的稳定性。物联网近年来也受到日本电力公司、开发商的关注，日本政府在 2016 年提供了 39.5 亿日元资金支持虚拟电厂的发展，京瓷、罗森等多个日本企业已纷纷"出手"投资虚拟电厂。根据日本经济产业省的相关数据，可供虚拟电厂收集的太阳能等电力功率，预计将在 30 年内增加到 37.7 吉瓦，相当于 37 个大型火力发电站的发电能力。

2. 澳大利亚

2010—2020 年，澳大利亚储能累计装机容量约为 661 兆瓦，但 2017 年以后增长陷入停滞。根据应用的功能场景，储能主要是家用储能，辅助服务和调峰也占据较大的比重，而工业大规模储能发展相对落后。澳大利亚政府现阶段的政策制定工作集中在规范户用与商用储能市场发展方面，2017 年，澳大利亚清洁能源委员会向联邦政府提出了 13 项政策建议，涉及创造公平竞争环境、消除户用与商用储能市场管理障碍、户用与商用储能价值认可和投资回报、建立标准及保护用户 4 个方面。

可再生能源发电比例提升，带动表前储能配套需求。自 2010 年起，澳大利亚执行可再生能源目标（Renewable Energy Target，RET），规划至 2020 年，全球能源结构中可再生能源发电比例达到 20%，对应发电量达到 33 太瓦时；提出高耗能用户购置绿电的义务，高耗能用户可通过购买可再生能源发电厂产生的发电权证进行履约；带动可再生能源装机容量的快速增长，并拉动产生调峰和辅助服务储能配套需求。

政策补贴及电力交易机制修订是表前能量时移和辅助服务增长的核心驱动力。在政策补贴方面，各州政府和澳大利亚可再生能源署（ARENA）对表前储能项目进行补贴，如南澳大利亚州政府补贴基金与 ARENA 补贴基金合计可达1.6 亿澳元。在电力交易机制方面，澳大利亚允许储能参与电力现货市场交易，为能量时移和辅助服务储能创造收益，同时澳大利亚能源市场委员会（Australian Energy Market Commission，AEMC）于 2017 年将电力市场交易结算周期由 30 分钟改为 5 分钟，提升了储能充电与放电的响应灵活性，促进了储能资源在电力市场的有效应用和合理补偿。辅助服务也对频率控制机制进行了改革，对紧急频率事件的快速响应提出了高要求，储能作为快速响应资源被调用的概率增加，使得表前储能收益，特别是辅助服务收益大幅提升，2020 年频率控制辅助服务收益在表前独立储能项目收益中的占比普遍达到90%以上。

政策补贴和停电事故推动"户用光伏发电+储能"的增长。2016—2017年，4 次大规模停电事故提高居民配储意识；2018 年，南澳大利亚州启动"家用电池计划"（Home Battery Scheme），覆盖 4 万余户家庭，通过清洁能源金融公司以低息贷款（1 亿美元）或返还款（1 亿美元）的形式帮助住宅用户购买户用光伏发电系统所需电池或者匹配电池容量所需光伏发电组件；维多利亚州补贴 4000 万美元支持 10000 户家庭部署储能装置；新南威尔士州、昆士兰州等也相继出台了补贴计划。目前澳大利亚用户侧光伏发电累计装机容量约为14.7 吉瓦，大部分为户用光伏发电。

3. 韩国

韩国贸易、工业和能源部（MOTIE）于 2011 年制定了"能源储存技术开发和产业化战略"（에너지저장 기술개발 및 산업화 전략；K-ESS 2020），旨在推动储能的发展，目标到 2020 年韩国储能产品在全世界的装机占有率达到30%。2014 年，MOTIE 公布"第二能源总体规划"，旨在建立激励机制，鼓励

储能技术的大规模市场化，同时推动智能电网、虚拟发电厂、车联网和节能设计等方面的研发活动。

韩国储能市场装机集中于工商业与表前能量时移，响应储能政策主要包括工商业用户补贴及可再生能源配额制（Renewable Portfolio Standard，RPS）。

工商业用户补贴包括电费补贴与功率补贴。电费补贴和功率补贴分别于2015 年与 2016 年开始实施，前期补贴效用有限；2017 年，韩国政府大幅提高电费补贴和功率补贴力度，并按功率区间辅以不同补贴权重。经测算，补贴提升后，2018 年装机的工商业储能项目能够在 2 年内收回成本的 2/3，总内部收益率（IRR）高于 14%。

可再生能源配额制驱动储能规模快速发展。可再生能源配额制的考核落实到企业身上的指标是可再生能源证书（Renewable Energy Certificates，RECs），它是一种对发电企业的可再生能源发电量予以确认的、具有交易价值的凭证。可再生能源配额制将新能源的实际发电量与 RECs 获得乘数作为达标的考核依据，同时赋予风光和储能更高的 RECs 获得乘数，激发能量时移储能装机。根据可再生能源配额制的规划，到 2022 年，经 RECs 获得乘数调整后的企业新能源发电量占总发电量的比重需要达到 10%以上。

韩国在补贴政策的推动下成为全球首个储能超量的市场，2018 年新增装机容量远超其他国家和地区；截至 2020 年年底，韩国累计电化学储能装机规模达3.8 吉瓦/9.2 吉瓦时，是全球第二大市场，其中新增电化学储能装机规模 0.8 吉瓦/2.2 吉瓦时，同比增长约 30%。在商业运营方面，韩国的"新能源+储能"市场主要以发电运营商采购储能系统和新能源配合为主。韩国储能装机容量中有55%左右用于削峰填谷，40%用于光伏发电或风电配套，5%用于家庭及不间断电源（Uninterruptible Power Supply，UPS）等场景。分场景看，韩国储能装机需求集中在表前能量时移和表后工商业储能方面，2010—2020 年累计装机容量占储能总装机容量的比重分别达到 56%与 31%；能量时移装机容量自 2013 年以来持续保持高增长，2013—2020 年，复合年均增长率（CAGR）达到 104%，工商业储能受火灾事件及补贴退坡影响，2019 年后装机容量增速放缓。

2.3.4 我国储能发展概况

1. 总体发展战略

新能源渗透率和全社会用电量中第三产业及居民用电量占比的不断提升，使电力系统灵活性和稳定性面临巨大挑战。我国政府深刻认识到储能作为我国战略性新兴产业，是适应新能源大规模接入与构建未来能源系统的关键支撑技术，对能源结构转型和维护国家能源安全具有重要作用，结合现代能源体系和新型电力系统建设规划，全面形成我国储能的总体发展战略。

2014 年，国务院办公厅印发《能源发展战略行动计划（2014—2020）》，将储能列入 9 个重点创新领域。2016 年 3 月，《中华人民共和国国民经济和社会发展第十三个五年规划纲要》发布，明确了包括高效智能电力系统和能源储备设施的能源发展重大工程。2019 年，国家发展改革委办公厅等四部门联合印发《贯彻落实〈关于促进储能技术与产业发展的指导意见〉2019—2020 年行动计划》，指出要加强先进储能技术研发、加大储能项目研发实验验证力度、继续推动储能产业智能升级和储能装备的首台（套）应用推广、提升储能安全保障能力建设。这些政策文件为"十四五"期间储能由商业化初期向规模化发展转变奠定了基础。

2021 年 4 月，国家能源局印发《2021 年能源工作指导意见》，提出要推动新型储能产业化、规模化示范，促进储能技术装备和商业模式创新。2021 年 7 月，《国家发展改革委 国家能源局关于加快推动新型储能发展的指导意见》发布，提出到 2025 年，实现新型储能从商业化初期向规模化发展转变。2021 年 12 月，国家能源局修订发布《电力并网运行管理规定》和《电力辅助服务管理办法》，将电化学储能、压缩空气储能、飞轮储能等新型储能纳入并网主体管理。2022 年 1 月 29 日，国家发展改革委和国家能源局联合印发《"十四五"新型储能发展实施方案》，指出到 2025 年，新型储能由商业化初期步入规模化发展阶段，具备大规模商业化应用条件；电化学储能技术性能进一步提升，系统成本降低 30%以上；火电与核电机组抽汽蓄能等依托常规电源的新型储能技术、百兆瓦级压缩空气储能技术实现工程化应用；兆瓦级飞轮储能等机械储能技术逐步成熟；氢储能、热（冷）储能等长时间尺度储能技术取得突破。到 2030 年，新型储能全面市场化发展。

2. 政策法规

在储能产业的发展历程中，政策是影响储能发展的重要因素。目前，我国在电源侧、电网侧和用户侧都制定了相应的政策推动储能发展。

1）电源侧："火电+储能"与"新能源+储能"并行发展

在"火电+储能"领域，2019 年 2 月，国家电网公司办公厅印发《关于促进电化学储能健康有序发展的指导意见》，支持常规火电配置储能提升调节性能和运行灵活性，促进电网安全高效运行。目前我国电力辅助服务补偿费用主要来自发电机组分摊，与国外"谁用电、谁付费"的原则存在差异。

在"新能源+储能"领域，2021 年 3 月，《中华人民共和国国民经济和社会发展第十四个五年规划和 2035 年远景目标纲要》明确在储能等前沿科技和产业变革领域，组织实施未来产业孵化和加速计划，谋划布局一批未来产业。为了解决弃水、弃风、弃光等问题，《国家能源局关于 2021 年风电、光伏发电项目开发建设有关事项的通知》于 2021 年 5 月发布，在新能源配储相关领域提出要求和建议。

在地方层面，目前已有部分省份对新建的光伏发电和风电项目发布强制或建议新能源电站配储政策（见表 2-13），配置比例为 5%～30%，配置时长为 2 小时。部分省份甚至要求存量项目在一定时间期限内增加储能配置。

表 2-13　部分省份的新能源电站配储政策

省份	发布时间	文件名称	政策内容	配置比例	配置时长（小时）	配置类型
湖南	2022 年 9 月	《关于开展 2022 年新能源发电项目配置新型储能试点工作的通知》	湖南省内风电、集中式光伏发电项目应分别按照不低于装机容量的 15%、5%比例（储能时长 2 小时）配建储能电站。对已按要求配置新型储能的新建新能源项目，电网企业优先予以并网	0.15/0.05	2	风电/光伏发电

省份	发布时间	文件名称	政策内容	配置比例	配置时长（小时）	配置类型
辽宁	2022年5月	《辽宁省2022年光伏发电示范项目建设方案（征求意见稿）》	优先鼓励承诺按照建设光伏发电功率15%的挂钩比例（时长3小时以上）配套安全高效储能（含储热）设施，并按照共享储能方式建设	0.15	3	光伏发电
内蒙古	2022年3月	《内蒙古自治区关于工业园区可再生能源替代工程实施细则（2022修订版）》	新增负荷所配置的新能源项目配建储能比例不低于新能源配置规模的15%（4小时）；存量自备负荷部分按需配置储能比例	0.15	4	光伏发电
宁夏	2022年1月	《2022年光伏发电项目竞争性配置方案（征求意见稿）》	按照国家下达的宁夏2022年可再生能源电力消纳责任权重目标，综合考虑全区全社会用电量、外送电量、电网消纳能力、弃风弃光率控制目标、存量项目规模、储能设施建设等因素，经自治区发展改革委会同国网宁夏电力有限公司研究测算，确定2022年全区新增光伏发电项目竞争配置的保障性并网规模为400万千瓦（同步配套建设10%、2小时储能设施）	0.1	2	光伏发电
上海	2022年1月	《金山海上风电场一期项目竞争配置工作方案》	承诺按照本市能源主管部门要求的建设时序建设电化学等储能装置，且配置比例不低于20%、时长4小时以上	0.2	4	风电
海南	2022年1月	《海南省发展和改革委员会关于开展2022年度海南省集中式光伏发电平价上网项目工作的通知》	全省集中式光伏发电平价上网项目实施总规模控制，具体由省发展改革委根据2021年度及"十四五"期间全省可再生能源电力消纳责任权重确定。单个申报项目规模不得超过10万千瓦，且同步配套建设不低于10%的储能装置	0.1	2	光伏发电

续表

省份	发布时间	文件名称	政策内容	配置比例	配置时长（小时）	配置类型
河北	2021 年 12 月	《河北省发展和改革委员会关于下达河北省 2021 年风电、光伏发电市场化并网项目计划的通知》	冀北电网区域围场、丰宁两县坝上地区所有风电、光伏发电项目按照 20%、4 小时，其他区域按照 15%、4 小时配置储能装置；河北南网区域所有光伏发电项目按照 10%、4 小时（或 20%、2 小时）配置储能装置	0.2/0.15/0.10	—	光伏发电
山东	2021 年 11 月	《山东省能源局关于公布 2021 年市场化并网项目名单的通知》	在落实灵活调节能力方面，应根据企业承诺，按不低于 10%比例（时长不低于 2 小时）配建或租赁储能（制氢）设施	0.1	4	风电/光伏发电
广西	2021 年 10 月	《广西壮族自治区能源局关于印发 2021 年市场化并网陆上风电、光伏发电及多能互补一体化项目建设方案的通知》	从建设方案发布之日起，光伏发电项目要求半年内完成 10MWp 以上组件安装，一年内完成升压站主体建设、设备安装及 50MWp 以上组件安装，两年内并网发电，两年半内全容量建成投产（总装机容量在 50 万千瓦及以上的项目放宽至三年全容量建成投产），未按期完成进度要求的，取消建设指标，项目予以废止；风电项目要求半年内申报核准，核准后一年内完成第一基风机及升压站基础浇筑，两年内完成升压站主体建设、设备安装及 50%以上项目投资，三年内全容量建成投产（装机容量在 30 万千瓦及以上的项目放宽至三年半全容量建成投产），未按期完成进度要求的，取消建设指标，项目予以废止；一体化项目由企业自行安排今年建设指标容量范围内的子项目，各子项目建设进度要求同上	0.2/0.15	2	风电/光伏发电

省份	发布时间	文件名称	政策内容	配置比例	配置时长（小时）	配置类型
内蒙古	2021年10月	《内蒙古自治区能源局关于自治区2021年保障性并网集中式风电、光伏发电项目优选结果的公示》	对自治区2021年保障性并网集中式风电、光伏发电项目名单进行公示，公示中明确各项目的储能比例	0.2～0.3/0.15～0.3	2	风电/光伏发电
湖北	2021年10月	《湖北省能源局关于2021年平价新能源项目开发建设有关事项的通知》	2021年安排集中式（共享式）化学储能电站（不含基地配置的化学储能电站）37个、装机规模2536兆瓦/5372兆瓦时	0.1/0.1	2	风电/光伏发电
江苏	2021年9月	《省发展改革委关于我省2021年光伏发电项目市场化并网有关事项的通知》	为鼓励发电企业市场化参与调峰资源建设，综合考虑资源禀赋、电网消纳及我省实际等因素，2021年我省长江以南地区新建光伏发电项目原则上按照功率8%及以上比例配建调峰能力（时长2个小时，下同），长江以北地区原则上按照功率10%及以上比例配建调峰能力，发电企业在申报项目时应明确具体配置容量	0.1	2	风电/光伏发电
山西	2021年9月	《山西省2021年竞争性配置风电、光伏发电项目评审结果的公示》	在保障性并网项目中，风电项目15个、装机容量149万千瓦；在备选项目中，风电项目9个、装机容量84.2万千瓦。风电项目配置10%的储能，光伏发电项目配置10%～15%的储能	0.10～0.15	2	光伏发电

此外，部分省份也针对电网侧和用户侧储能制定补贴政策，具体如表2-14所示。补贴类型涉及固定投资、运营及自主研发等多方面，多种方式推动储能的商业化应用。其中，部分地区的储能补贴最高达到0.7元/千瓦时，已经高于锂离子电池储能的平准化度电成本，具备商业化应用的经济性。

表 2-14　部分省份针对电网侧和用户侧储能制定的补贴政策

省份	发布时间	文件名称	政策内容
四川	2022 年 2 月	《成都市发展和改革委员会关于申报2022 年生态文明建设储能领域市级预算内基本建设投资项目的通知》	对入选的用户侧、电网侧、电源侧、虚拟电厂储能项目，年利用小时数不低于 600 小时的，按照储能设施规模给予每千瓦每年 230 元且单个项目最高不超过100 万元的市级预算内资金补助，补助周期为连续 3 年
浙江	2021 年 11 月	《省发展改革委 省能源局关于浙江省加快新型储能示范应用的实施意见》	过渡期间，调峰项目（年利用小时数不低于 600 小时）给予容量补偿，补偿标准逐年退坡，补贴期暂定3 年（按 200 元/千瓦·年、180 元/千瓦·年、170 元/千瓦·年退坡）
青海	2021 年 1 月	《关于印发支持储能产业发展若干措施（试行）的通知》	对"新能源＋储能""水电＋新能源+储能"项目中自发自储设施所发售的省内电网电量，给予每千瓦时0.10 元运营补贴（经省工业和信息化厅认定使用本省产储能电池 60%以上的项目，在上述补贴基础上，再增加每千瓦时 0.05 元补贴），具体电量由新能源企业与电网企业共同认定，具备条件的可由电网企业抄表计量，电量结算按月报省能源局备案。 补贴对象为 2021 年、2022 年投产的电化学储能项目，由电网企业每月按电量及时足额结算，补贴资金纳入电网企业第二监管周期输配电价降价预留资金统筹解决，补贴时限暂定为 2021 年 1 月 1 日至 2022 年12 月 31 日
山东	2020 年 12 月	《关于修订〈山东电力辅助服务市场运营规则（试行）（2020 年修订版）〉的通知》	试运行初期，储能设施有偿调峰出清价格上限按照火电机组降出力调峰价格上限执行。调用自备电厂参与有偿调峰交易时，若当日发生直调公用火电机组停机调峰，自备电厂有偿调峰出清价格按照 400 元/兆瓦时执行
陕西	2020 年 12 月	《关于进一步促进光伏产业持续健康发展的意见（征求意见稿）》	支持光伏储能系统应用。对 2021 年 1 月 1 日至2023 年 12 月 31 日建成运行的光伏储能系统，项目中组件、储能电池、逆变器采用工业和信息化部相关行业规范条件公告企业产品，自项目投运次月起对储能系统按实际充电量给予投资人 1 元/千瓦时补贴，同一项目年度补贴最高不超过 50 万元

续表

省份	发布时间	文件名称	政策内容
新疆	2020 年 5 月	《新疆电网发电侧储能管理暂行规则》	电储能设施根据电力调度机构指令进入充电状态的，对其充电电量进行补偿，具体补偿标准为 0.55 元/千瓦时
山东	2020 年 6 月	《山东省发展和改革委员会关于开展储能峰谷分时电价政策试点的通知》	参与储能峰谷分时电价政策试点的用户，电力储能技术装置低谷电价在现行标准基础上，每千瓦时再降低 3 分钱（含税）
甘肃	2020 年 1 月	《甘肃省电力辅助服务市场运营暂行规则（2020 年修订版）》	由储能新能源或虚拟电厂在调峰辅助服务平台开展集中交易，申报内容包含交易时段、15 分钟充电电力、交易价格等内容的交易意向，市场初期申报价格的上限为 0.5 元/千瓦时

2）电网侧：调峰、调频与辅助服务提供应用空间

储能具有跟踪负荷能力强、响应速度快和充放电"双向"调节等优点，是参与电力行业调峰调频和辅助服务的重要方式。2017 年，电力辅助服务成为国内电力市场改革的热点，东北、江苏、山东陆续发布并实施本地区包含储能在内的电力辅助服务市场运营规则。2018—2020 年，电力辅助服务市场经历了由省级到区域级的扩大过程。2021 年 5 月，《国家发展改革委关于进一步完善抽水蓄能价格形成机制的意见》印发，提出容量电价体现抽水蓄能电站提供调频、调压、系统备用和黑启动等辅助服务的价值，抽水蓄能电站通过容量电价回收抽发运行成本外的其他成本并获得合理收益。2021 年 7 月，《国家发展改革委关于做好 2021 年能源迎峰度夏工作的通知》发布，指出要加大力度推动抽水蓄能和新型储能加快发展，不断健全市场化运行机制，全力提升电源侧、电网侧、用户侧储能调峰能力。2021 年 8 月，国家能源局发布新版"两个细则"[《并网主体并网运行管理规定（征求意见稿）》和《电力系统辅助服务管理办法（征求意见稿）》]，在增加辅助服务品种的同时，明确新型储能独立的主体资格。2022 年 6 月，国家发展改革委发布了《国家发展改革委办公厅 国家能源局综合司关于进一步推动新型储能参与电力市场和调度运用的通知》，指出新型储能可作为独立储能参与电力市场。

国内各省份也相继针对调频和调峰辅助服务出台了相关价格政策。2021 年 12 月，广东省发展改革委印发《广东省电网企业代理购电实施方案（试行）》，提出现阶段辅助服务费用主要包括储能、抽水蓄能电站的费用和需求侧响应等费用，相关费用由全体工商业用户（指原目录电价中的大工业用户和一般工商业用户，包括直接参与市场交易和电网企业代理购电的用户）共同分摊。2021 年 12 月，《省发展改革委 省能源局关于浙江省加快新型储能示范应用的实施意见》发布，提出过渡期间，调峰项目（年利用小时数不低于 600 小时）给予容量补偿，补偿标准逐年退坡，补贴期暂定 3 年（按 200 元/千瓦·年、180 元/千瓦·年、170 元/千瓦·年退坡）。2022 年 7 月，《青海省国家储能发展先行示范区行动方案 2022 年工作要点》印发，指出要研究制定新型储能电站规划布局方案，按照"统一规划、统一建设、统一调度、统一运营"模式推动电化学储能建设，开工建设吉瓦级源网共建共享储能示范项目，力争年内建成 50 万千瓦。2022 年 7 月，江西省人民政府印发《江西省碳达峰实施方案》，指出要加快建设新型电力系统，推动能源基础设施可持续转型，建立健全新能源占比逐渐提高的新型电力系统。2022 年 9 月，山东省能源局印发《关于促进我省新型储能示范项目健康发展的若干措施》，明确了要依托现货市场，推动新型储能市场化发展。

3）用电侧：为"需求响应+综合能源服务"提供广阔应用空间

在峰谷电价方面，2020 年 12 月，《国家发展改革委 国家能源局关于做好 2021 年电力中长期合同签订工作的通知》，提出峰谷差价作为购售电双方电力交易合同的约定条款，在发用电两侧共同施行，拉大峰谷差价。2021 年 7 月，《国家发展改革委关于进一步完善分时电价机制的通知》发布，提出各地要统筹考虑当地电力系统峰谷差率、新能源装机占比、系统调节能力等因素，合理确定峰谷电价价差，上年或当年预计最大系统峰谷差率超过 40%的地方，峰谷电价价差原则上不低于 4∶1；其他地方原则上不低于 3∶1。该文件明确规定，电力现货市场尚未运行的地方，要完善中长期市场交易规则，指导市场主体签订中长期交易合同时申报用电曲线、反映各时段价格，原则上峰谷电价价差不低于目录分时电价的峰谷电价价差。2022 年 7 月 1 日起，27 个省份在冬夏用电高峰时段执行尖峰电价机制。在原先峰谷电价之上新增"尖峰电价"，合理界定尖峰时段，尖峰电价在峰段电价基础上上浮不低于 20%。

在电力需求响应方面，截至 2022 年年底，全国范围内共有 20 余个省份开展了电力需求响应工作，但仍然存在覆盖面窄、补偿资金来源不确定性强的问题，需要进一步完善需求响应机制的设计。2022 年 4 月，广东省发布《广东省市场化需求响应实施细则（试行）》，现阶段可响应时段默认为所发布的需求响应时段；现阶段响应价格为单段报价，具备条件后可启用多段报价。2022 年 5 月，福建省发展改革委印发《福建省电力需求响应实施方案（试行）》，要求响应负荷能力在 200 千瓦及以上的电力用户可作为直接需求用户参与需求响应，也可通过负荷聚合商代理参与；响应负荷能力在 200 千瓦以下的电力用户由负荷聚合商代理参与；鼓励有储能资源的用户、充电桩运营用户及当年列入有序用电方案的用户参与响应。

在成本回收方面，2021 年 5 月，《国家发展改革委关于进一步完善抽水蓄能价格形成机制的意见》印发，指出现阶段，要坚持以两部制电价政策为主体，进一步完善抽水蓄能价格形成机制，以竞争性方式形成电量电价，将容量电价纳入输配电价回收，同时强化与电力市场建设发展的衔接，逐步推动抽水蓄能电站进入市场，着力提升电价形成机制的科学性、操作性和有效性，充分发挥电价信号作用，调动各方面积极性，为抽水蓄能电站加快发展、充分发挥综合效益创造更加有利的条件。2021 年 7 月，《国家发展改革委 国家能源局关于加快推动新型储能发展的指导意见》发布，明确提出建立电网侧独立储能电站容量电价机制，逐步推动储能电站参与电力市场。

在储能参与综合能源服务方面，2020 年，《国家电网有限公司关于全面深化改革奋力攻坚突破的意见》印发，指出要立足综合能源服务、储能等战略性新兴产业，强化技术、管理和商业模式创新，培育增长新动能。2021 年 6 月，《住房和城乡建设部等 15 部门关于加强县城绿色低碳建设的意见》发布，提出要充分认识推动县城绿色低碳建设的重要意义。

3. 市场概况

在"碳达峰、碳中和"目标的约束下，中国能源和电力系统转型刻不容缓，新能源出力的不稳定性使储能市场蓬勃发展，在全球地位、装机规模、投融资规模和参与企业等方面取得显著成就。"十四五"时期，我国新型储能市场将正式跨入规模化发展阶段。

一是电化学储能装机容量跃居世界第一。截至 2022 年年底，全球新型储能的累计装机容量约为 45.7 吉瓦。在各类新型储能技术中，锂离子电池的累计装机容量最大，达到 43 吉瓦左右，锂离子电池的累计装机容量首次突破 40 吉瓦。2022 年，全球新增投运电化学储能项目的装机容量达到 20.4 吉瓦左右。其中，中国新增投运电化学储能项目总装机容量占全球总装机容量的 29%，在 2022 年全球储能市场中占据主导地位。

二是政策驱动下储能规模增长迅速。2018 年以后，随着电化学储能成本逐步进入商业化运行区间，以及随着辅助服务需求的增多，电化学储能市场开始爆发式增长。2019 年，虽然受到国家电网政策的影响，电化学储能的增长有所停滞，但是 2020 年随着新能源发电强制配储政策的出台，电源侧储能需求的增多会带动储能投资整体回暖。

三是储能应用场景趋于多样化。在政策及市场机制不断完善的推动下，储能在各种应用场景中均取得了较大的增长。2022 年新增的电化学储能装机中，传统电源企业、新能源发电企业、电网公司及工商业用户均占据了一定的市场份额。

四是产业竞争具备一定优势。我国储能产业链在全球处于领先地位，2020 年，我国赶超了过去 10 年间领先的日本和韩国，成为电池行业新的"领头羊"。这一方面是受到国内庞大电池需求的驱动，另一方面是我国掌握了全球 80% 的电池金属材料精炼产能、77% 的电芯产能和 60% 的关键原材料产能。预计到 2025 年，我国将持续保持全球锂离子电池供应链的主导地位和竞争优势，对储能行业的发展给予强力支撑。电池行业的发展使我国储能产业链不断发展，储能行业竞争格局初步显现，储能企业活跃度升高。在储能技术、储能变流器和储能系统集成方面涌现出一批先进企业。

2.3.5 我国储能规模化发展的机遇与挑战

1. 我国储能规模化发展面临的机遇

国家发展改革委、国家能源局及地方能源主管部门密集出台了一系列支持储能的相关政策，尤其是明确了新型储能在电力市场中的主体地位，提出新型储能从商业化向规模化发展转变的目标。通过在电源侧的风光发电强制配储要求，以及在需求侧拉大峰谷价差提供储能应用价格空间，新型储能迎来发展的重要机遇期。

一是电力转型趋势明确，新型储能前景可期。在"双碳"目标的约束下，电力清洁化转型已成为必然。但 2021 年数据显示，中国的风光发电量占全社会用电量的比重仅在 11%左右，未来将会成倍快速增长。经济发展水平的提升将使未来第三产业和居民用电比例持续增加，电力供需呈现出"平时充裕、尖峰紧张，整体平衡、局部紧张"的新特征，电网也将呈现峰值负荷不断升高、平均负荷率不断下降的特点。在此背景下，一方面，新能源的随机性、间歇性和波动性将对电力系统的平稳运行造成巨大冲击；另一方面，我国灵活性电源占比较低，电网调峰调频主要依靠煤电提供，新能源的增长导致电网灵活性降低的问题愈发突出。2021 年，多地出现拉闸限电的情况，除受煤炭供应紧张的影响外，新能源出力不稳定也是很重要的因素。新型储能技术在削峰填谷、提供电力辅助服务和提高电网系统灵活性等方面具有优势，是未来高比例新能源消纳的关键。

二是政策市场齐头并进，规模应用迎来新机。从政策来看，国家发展改革委、国家能源局及地方主管部门密集出台了一系列支持新型储能的相关政策，明确了新型储能在电力市场中的主体地位，提出新型储能从商业化向规模化发展转变的目标。《国家发展改革委 国家能源局关于加快推动新型储能发展的指导意见》明确强调，到 2025 年，实现新型储能从商业化初期向规模化发展转变。新型储能技术创新能力显著提高，核心技术装备自主可控水平大幅提升，在高安全、低成本、高可靠、长寿命等方面取得长足进步，标准体系基本完善，产业体系日趋完备，市场环境和商业模式基本成熟，装机规模达 3000 万千瓦以上。从市场来看，在供需两端波动性增强的情况下，储能是提升电网灵活性的重要选项。传统抽水蓄能调峰成本较低，但是发展受到场地空间的限制。新型电化学储能成本主要由电池和变流器构成，其中电池占 60%，变流器占 20%。随着电池成本的不断降低，新型电化学储能的装机成本已降至 1500元/千瓦时，在新能源消纳、峰谷价差套利、容量电价管理、调峰、电力辅助服务等应用场景下，都已具备商业化应用的能力。通过电源侧的风光发电强制配储要求，以及在需求侧拉大峰谷价差提供储能应用价格空间，新型储能将迎来爆发式增长。

三是储能标准不断完善，规范发展助力安全。我国在 2014 年发布了第一个储能行业国家标准——《电化学储能电站设计规范》，对站址选择、站区规划和总布置、储能系统、电气一次、系统及电气二次、消防等内容进行规范。同年，全国电力储能标准化技术委员会经国家标准化管理委员会批准正式成立，负责全国范围内的电力储能领域标准化工作。此后，关于储能电池、储能系统技术要求、储能系统接入电网、储能电站运维规程等的一系列标准陆续发布。2019 年，国家能源局发布 3 项储能行业标准，分别是《电化学储能电站监控系统与电池管理系统通信协议》《电池储能功率控制系统 变流器 技术规范》和《光储系统用功率转换设备技术规范》。此外，2021 年 7 月，中关村储能产业技术联盟联合 12 家储能领军企业共同发起制定、签署了《关于推进储能产业安全、健康、可持续发展的行业自律公约》，对储能产业全流程的行业标准进行规范和完善。

2. 我国储能规模化发展存在的问题

虽然我国目前已经是全球最大的储能市场，然而发展的模式更多是电源侧政策强制推动的。尽管在"双碳"目标的约束下，我国电力转型趋势明显、储能发展势头良好，但储能行业的发展还面临着成本竞争力较小、系统利用率较低、项目收益性较弱、需求响应积极性欠缺和监管机制不完善等挑战。目前，储能规模化发展主要存在以下问题。

一是强制性配储政策仍待进一步优化。发电侧是近年来我国储能发展的重要领域。2020 年至今，为了解决风光并网消纳问题，已有多个省份对新建光伏发电和风电项目发布强制性配置储能的政策，配置比例为 5%~30%，时长为 2 小时。此外，部分省份还要求存量项目在一定期限内配置储能装机。然而，风光配置的储能在技术标准、转换效率、投资回报等方面并未给出明确规定，部分配储项目存在系统利用率较低、大量储能装机闲置的问题。新能源消纳是系统性问题，强制性配储政策未考虑到储能资源的优化配置，同时增加了新能源发展的成本，不利于储能行业的良性发展。从国外的发展经验来看，虽然新能源消纳是储能的重要应用领域，但是很少有国家或地区直接采取要求新能源配置储能的政策。电源侧储能配置更多是通过电力现货市场进行成本回收的。

二是新型储能价格传导机制仍不健全。储能是电力系统中的重要环节，储能成本也应该通过合理的价格传导机制传导给终端用户。国外表前的储能成本主要通过辅助服务市场或输配电价进行回收。我国辅助服务中调频义务由发电企业承担，调峰则通过电网调度及输配电价补偿实现。虽然关于抽水蓄能电价已经形成了较为有效的补偿机制，但对于电网侧新型储能的价格补偿机制仍未明确。仅有广东省明确将新型储能的成本纳入辅助服务费中，由全体工商业用户共同分摊。

三是需求侧电价机制仍待进一步完善。根据《国家发展改革委关于进一步完善分时电价机制的通知》，各地要统筹考虑当地电力系统峰谷差率、新能源装机占比、系统调节能力等因素，合理确定峰谷电价价差，上年或当年预计最大系统峰谷差率超过 40%的地方，峰谷电价价差原则上不低于 4∶1；其他地方原则上不低于 3∶1。当前新型储能的平准化度电成本在 0.7 元/千瓦时以内。新的分时电价机制落地后，储能在大部分地区的需求侧进行峰谷价差套利均能够获得收益。然而，分时电价水平未来可能根据电力现货市场价格和负荷特性变化进行动态调整，这将增加用电侧储能收益的不确定性。此外，目前需求响应补偿机制仅在山东、浙江等少数省份试点，补偿资金来源存在不确定性，储能配合参与需求响应的政策也未明确，降低了表后储能应用的积极性。

四是新型储能配置责任主体仍待明确。在国外政策驱动型的储能发展案例中，输配电网等公用事业公司是储能配置的责任主体。电力监管部门确定区域电网的储能装机总要求，之后公用事业公司通过自营或第三方购买的方式获得储能容量。同时电源出力、分时负荷、节点潮流及交易价格等数据也向市场主体开放，允许市场主体进行优化决策。在我国大电网发展的模式下，电力系统具有节点多、复杂性强的特点。输配电网作为电力系统的中间环节，相比于其他主体具备信息优势。同时，由于我国电力市场化改革推进时间较晚，市场监管体系尚未健全，所以电网垄断惯性较强，不利于其他主体参与储能市场。

五是财税支持政策还需要进一步统筹细化。得益于电池成本的下降，储能商业化应用已进入经济性拐点。我国储能相关产业规模占据全球领先地位，掌握全球 80% 的电池金属材料精炼产能、77% 的电芯产能和 60% 的关键原材料产能。然而，我国在储能领域也面临着国外厂商竞争，在技术和成本上的竞争优势并不明显。考虑到储能技术有较强的经济和环境正外部性，所以在其商业化应用初期提供补贴，对于迅速降低成本、提升技术水平、抢占国际竞争制高点具有重要作用。美国与欧洲市场在储能商业化推广的过程中都出台了针对技术开发与市场应用的补贴方案。目前我国仅有少数地区对电源侧储能装机提供补贴，存在补贴覆盖面窄、补贴水平低、技术标准不明确等问题。

第3章 我国未来电力系统储能应用需求规模仿真研究

作为国家战略性新兴产业，储能对促进新能源消纳具有重要战略意义，其发展规模也与我国能源电力装机、发电结构的发展变迁密切相关，本章利用模型对我国能源中长期发展路径进行了仿真模拟，并选取不同情景，仿真模拟了我国中长期储能需求情况。

3.1 CE-power 模型的开发与情景设置

3.1.1 模型介绍

CE-power 模型是国家能源集团电力系统优化仿真模型的简称。它是以 SWITCH-China 模型为基础，对模型的输入数据、技术和经济参数进行本地化，并对模型的结构进行扩展得到的。

SWITCH 是由太阳能（Solar Energy）、风能（Wind Energy）、水能（Hydropower）、传统技术（Conventional Technology）和投资（Investment）的首字母拼接而成的。SWITCH-China 模型是一个电力系统优化仿真模型，其目标是根据预测的需求，通过当前和未来规划目标年的各种发电、储能、输电方案的建设与退出，使生产电力和输送电力的成本最小。与传统模型相比，SWITCH-China 模型在时间（小时尺度）和空间（省级尺度）两个维度上都具有很高的分辨率，以模拟将可变新能源（尤其是风电和光伏发电）纳入电网的影响。SWITCH-China 模型以省为单位运行，利用每小时的数据来模拟和优化基于运行约束的电力系统规划。模型优化了电网的长期投资和短期运行，该优化过程同时考虑了电网可靠性、运行约束性、资源可用性，以及当前和潜在的气候政策与环境法规，尤其是碳达峰和碳中和的影响（见图3-1）。

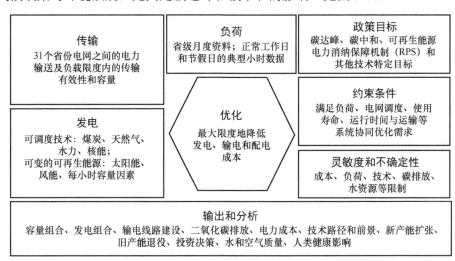

图 3-1 SWICH-China 模型的框架结构

SWITCH-China 模型的输入数据包括发电数据（各类电源，如煤电、气电、风电、太阳能发电、水电、核电、储能等）、输电数据、负荷数据及市场数据；输出数据包括各类发电电源的利用水平、财务状况等，以满足电力系统中源网荷储联合优化的要求。目前，美国纽约州立大学石溪分校（石溪大学）的何钢老师团队，与劳伦斯伯克利国家实验室合作利用 SWITCH-China 模型对中国电力低碳转型路径进行了研究。相关研究成果发表在 *Nature*、*Nature Communications*、*One Earth*、*Environmental Science and Technology* 等顶级期刊上。

与 SWITCH-China 模型相比，CE-power 模型进行了以下几个方面的改进（见图3-2）。

（1）CE-power 模型采用国内最新的不同类型电源的实际运行数据对 SWITCH-China 模型的输入数据进行参数化，使电源的物理参数和经济参数更符合实际。

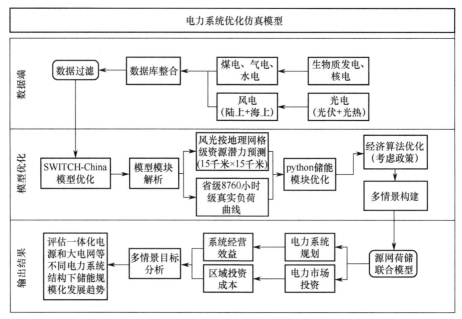

图 3-2 CE-power 模型与 SWITCH-China 模型的衔接

（2）CE-power 模型采用国内最新的高时空分辨率风光资源大数据，准确刻画网格尺度的新能源出力信息，提高模型分辨率，实现了对已建风光电站和规划风光电站的落点落区，准确刻画新能源的时空异质性。

（3）CE-power 模型增加了对我国当前及规划建设的特高压线路的刻画。

（4）CE-power 模型基于中国各省份 8760 小时的实际电力负荷数据对未来不同时段的电力需求进行预测，以提高模型的解释能力和预测精度。

（5）根据项目重点关注的储能模型，CE-power 模型对储能模块进行了细化，增加了抽水蓄能、新型储能和氢储能 3 种不同的储能类型。

（6）CE-power 模型构建了 4 种不同的情景，即基础情景、高新能源情景、高火电情景和不利气候条件情景，分别模拟了不同情景下，我国储能的总量、结构、空间布局和功能的变化特征。

本研究构建的 CE-power 模型主要回答以下关键科学问题：在新型电力系统构建过程中，储能应如何发展；储能有多大规模；储能的结构如何设计；储能如何布局；储能有哪些功能（储能的工作场景，运行时长）；等等。

针对上述科学问题，就当前我国新型电力系统而言，储能的存在很大程度上是为了解决新能源的波动性问题。储能的规模、结构和布局在很大程度上取决于风光新能源的规模、结构和布局。因此，为了准确刻画各地新能源的规模、结构和布局及由此带来的新能源发电的波动性特征，我们需要高时空分辨率的风能、太阳能资源数据库及风光新能源发展规划的精准"落区"。

在 CE-power 模型的构建过程中，研究按照"风光资源评估—源网荷储建模—电力系统规划—情景分析"的技术流程，重点针对未来储能规模化应用开展多情景分析，以得到各类储能的装机容量、结构、空间布局、运行、电力稳定可靠性及其时空演变特点。

3.1.2　模型主要输入数据和参数

1. 电源侧：风电

研究使用国家气候中心研制的高时空分辨率风能资源数据库来计算风力发电量。风能资源数据的水平分辨率为 15 千米×15 千米，时间分辨率为 1 小时，时间长度为 2000—2021 年，高度为 100 米。数据库的建立采用 WRF 中尺度模式；数值模拟采用四维资料同化技术融入全球大气环流模式（CFSv2）格点再分析资料、最优插值海表温度（Optimum Interpolation Sea Surface Temperature，OISST）资料、2400 余座地面气象站和 160 余座探空站的定时观测资料。通过检验和分析中国气象局风能资源观测网的实测风速与数值模拟风速的相对误差，发现：49%的测风塔检验的相对误差小于 5%；28%的测风塔检验的相对误差为 5%～10%；14.4%的测风塔检验的相对误差为 10%～15%；5.6%的测风塔检验的相对误差为 15%～20%；3%的测风塔检验的相对误差大于 20%。与常用的全球再分析数据集（如 MERRA-2 和 ERA5）相比，该数据集具有较高的数据精度和质量。

当前，为了充分利用风能资源，风电机组制造商针对不同地区年平均风速差异显著的特点，设计出适用于不同风速区间的风电机组，风电厂商企业根据拟建风电场所在地区的年平均风速等风况参数，推荐风电业主企业选用适合该场址的风电机组类型，因此在评估风能资源技术的可开发量时，需要采用适用于不同风速等级的风电机组机型计算风能资源技术开发量。本书采用中国装机数量较多的金风科技股份有限公司的最新风电机组开展后续分析，其中陆上选用适用于不同风速区间的 4 种机型，海上选用适用于不同海域的 3 种机型（见表 3-1、表 3-2），标准空气密度为 1.225 千克/立方米时的风电机组输出功率曲线如图 3-3 所示。

表 3-1　中国陆上适用于不同风速区间的风电机组参数和装机容量系数

年平均风速 V（米/秒）	风电机组型号	叶轮直径（米）	装机容量（兆瓦）
$V<5.5$	GW 131-2.2	131	2.2
$5.5 \leqslant V<7.5$	GW 121-2.0	121	2.0
$7.5 \leqslant V<9.2$	GW 140-3.4	140	3.4
$V \geqslant 9.2$	GW 109-2.5	109	2.5

表 3-2　中国海上适用于不同海域的风电机组参数和装机容量系数

近海区域范围	风电机组型号	叶轮直径（米）	装机容量（兆瓦）
江苏及江苏以北	GW 171-6.45	171	6.45
福建和浙江南部	GW 154-6.7	154	6.7
广东、广西、海南、浙江北部	GW 168-6.45	168	6.45

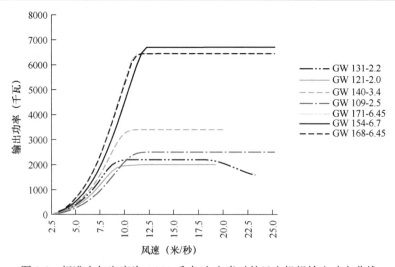

图 3-3　标准空气密度为 1.225 千克/立方米时的风电机组输出功率曲线

实际风电功率等于理论风电功率乘以系统效率，系统效率通常在 70%～80%，这里我们使用的是平均值 75%。风电容量系数（CF）等于一年内的实际发电量与该年可能的最大发电量之比。

为了确定适合陆上风电场选址的区域，我们根据土地利用类型、自然保护区、到城市的距离、坡度和年利用小时数等因子筛选数据。根据政府政策和风电场选址的适宜性，为每种土地利用类型分配一个最大利用系数。土地覆盖类型数据来自中国科学院，空间分辨率为 1 千米。未经政府批准，自然保护区不得安装风电机组，自然保护区的分布可从联合国环境规划署处获得。为了确保安全运行、低噪声污染和减少阴影闪烁，排除了居民区周围 500 米以内的区域，坡度平缓的区域可以安装更多的风电机组。参照目前风电场项目开发经验，根据坡度将利用系数设为 4 级：①一级（坡度<3%），利用系数为 1；②二级（3%≤坡度<6%），利用系数为 0.5；③三级（6%≤坡度<30%），利用系数为 0.3；④四级（坡度≥30%），利用系数为 0。坡度数据来自航天飞机雷达地形任务（Shuttle Radar Topography Mission，SRTM）数字高程数据集，空间分辨率为 30 米。为保证风电项目开发的经济可行性，经咨询中国可再生能源学会风能专业委员会，将可开发区域的最小风电利用小时数设置为 1800 小时。

为了确定可利用的海上场址并将其用于海上装机，我们根据海域利用类型、自然保护区、到海岸线的距离、水深、年平均风速等影响因子进行数据过滤。根据海上风电场项目规划和经济成本，我们使用最新的海岸线数据集，并设置了 100 千米的海岸线缓冲区。水深数据来自世界大洋深度图（General Bathymetric Chart of the Oceans，GEBCO）[①]，空间分辨率为 500 米。我们将水深小于或等于 50 米的海域视为近海，把水深 50～100 米的海域视为深远海。由于沿海地区的风电机组可能会干扰渔业、休闲活动等，因此在离岸距离小于 10 千米的海域，未经政府批准，不得安装风电机组。此外，未经政府授权，自然保护区不得安装风电机组。最终以风电场的每个网格单元的最大利用系数构建利用系数地图，最大利用系数为 0～1。

---

① General Bathymetric Chart of the Oceans，Global ocean & land terrain models.

根据风电场选址的可用区域，综合考虑山地和平原区域地形等实际情况，本书设定陆上风电机组的间距为 3D×10D（D 为风电机组的叶轮直径）；考虑到海上风电机组尾流与陆上风电机组尾流相比较大，过密的风电机组间距会造成尾流效应并降低总风力输出，因此需要预留 20%的海域作为风速恢复带，设定海上风电机组的间距为 5D×10D。

为了更准确地刻画风电的时空波动特性，我们需要当前及未来不同情景下的风电场具体点位。这里我们使用自然资源部国土卫星遥感应用中心发布的 2022 年 6 月我国风电场遥感实时监测数据，以及中国可再生能源学会风能专业委员会发布的 1989—2021 年全国风电场基本信息数据库。

为了研究未来，尤其是"十四五"期间陆上风电场和海上风电场的分布，我们收集了各省份"十四五"可再生能源规划数据、各省份"十四五"能源电力规划数据等（见表 3-3），以确定各省份"十四五"期间风电的新增装机容量。"十四五"期间，我国新增风光新能源装机容量将达到约 8.4 亿千瓦，累计新能源装机容量将达到约 13.7 亿千瓦，将提前实现我国在联合国气候峰会上的承诺。

表 3-3 我国各省份"十四五"可再生能源规划新增装机容量

单位：万千瓦

省份	2020 年风电	2025 年风电	2020 年光伏发电	2025 年光伏发电	2025 年新增风电	2025 年新增光伏发电	2025 年新增风光
云南	881	—	388	—	—	—	5000
浙江	186	641	1517	2762	455	1245	1700
内蒙古	3785	8900	1238	4500	5115	3262	8377
江苏	1547	2800	1684	3500	1253	1816	3069
安徽	412	800	1370	2800	388	1430	1818
湖北	502	1002	698	2198	500	1500	2000
江西	500	700	800	2400	200	1600	1800
湖南	669	1200	391	1300	531	909	1440
山东	1795	2500	2272	5700	705	3428	4133
海南	29	200	140	540	171	400	571
辽宁	981	—	400	—	—	—	2319
河北	2274	4300	2190	5400	2026	3210	5236
陕西	892	2000	1089	3800	1108	2711	3819

续表

省份	2020 年 风电	2025 年 风电	2020 年 光伏发电	2025 年 光伏发电	2025 年 新增风电	2025 年 新增光伏发电	2025 年 新增风光
青海	843	1650	1601	4701	807	3100	3807
广东	564	2564	797	2797	2000	2000	4000
四川	426	1003	191	1210	577	1019	1596
西藏	1	—	137	1000	—	863	863
宁夏	1377	1750	1197	3250	373	2053	2426
新疆	2361	5086	1266	2986	2725	1720	4445
吉林	577	2200	338	800	1623	462	2085
北京	19	30	62	252	11	190	201
天津	85	200	164	560	115	396	511
上海	82	262	137	407	180	270	450
重庆	97	—	67	—	—	—	206
黑龙江	686	1686	318	868	1000	550	1550
福建	486	900	202	500	414	298	712
河南	1518	2581	1175	2175	1000	1000	2000
贵州	580	1080	1057	3100	500	2043	2543
甘肃	1373	3853	982	4269	2480	3287	5767
广西	653	2450	205	1500	1797	1295	3092
山西	1974	3000	1309	5000	1026	3691	4717

对于未来风电的成本，根据风电成本学习曲线，预测中国 31 个省份 2025 年、2030 年、2040 年、2050 年和 2060 年的风电平准化度电成本（见表 3-4 和图 3-4）。将新增的风电装机容量进行分配，即假定优先选择风电平准化度电成本最低的网格进行开发，以实现新增风电的精准区位落地。

表 3-4　中国各省份风电平准化度电成本的变化

单元：元/千瓦时

序号	省份	2025 年	2030 年	2040 年	2050 年	2060 年
1	北京	0.3654	0.3341	0.2853	0.2254	0.1806
2	天津	0.2730	0.2512	0.2160	0.1687	0.1346
3	河北	0.2168	0.1975	0.1678	0.1346	0.1090
4	山西	0.2559	0.2375	0.2022	0.1598	0.1314
5	内蒙古	0.1800	0.1676	0.1422	0.1143	0.0906
6	辽宁	0.2382	0.2171	0.1847	0.1439	0.1186
7	吉林	0.2375	0.2205	0.1876	0.1482	0.1220

续表

序号	省份	2025 年	2030 年	2040 年	2050 年	2060 年
8	黑龙江	0.2613	0.2404	0.2088	0.1629	0.1300
9	上海	0.2977	0.2807	0.2568	0.2240	0.2043
10	江苏	0.2622	0.2393	0.2078	0.1621	0.1293
11	浙江	0.3245	0.3005	0.2564	0.2006	0.1645
12	安徽	0.3113	0.2844	0.2426	0.1916	0.1572
13	福建	0.3036	0.2773	0.2385	0.1904	0.1562
14	江西	0.3059	0.2814	0.2400	0.1916	0.1532
15	山东	0.2667	0.2454	0.2110	0.1667	0.1350
16	河南	0.3062	0.2837	0.2460	0.1944	0.1574
17	湖北	0.3227	0.2948	0.2536	0.2003	0.1643
18	湖南	0.3221	0.2983	0.2566	0.2007	0.1626
19	广东	0.2396	0.2224	0.1913	0.1511	0.1204
20	广西	0.2660	0.2427	0.2107	0.1645	0.1352
21	海南	0.2249	0.2089	0.1796	0.1439	0.1186
22	重庆	0.5339	0.4912	0.4224	0.3337	0.2723
23	四川	0.3413	0.3120	0.2663	0.2124	0.1740
24	贵州	0.3368	0.3099	0.2645	0.2069	0.1676
25	云南	0.3004	0.2784	0.2394	0.1891	0.1532
26	西藏	0.2630	0.2400	0.2044	0.1635	0.1344
27	陕西	0.2669	0.2436	0.2095	0.1675	0.1377
28	甘肃	0.2903	0.2651	0.2280	0.1821	0.1495
29	青海	0.3418	0.3125	0.2667	0.2107	0.1687
30	宁夏	0.2565	0.2360	0.2029	0.1603	0.1319
31	新疆	0.3633	0.3342	0.2854	0.2235	0.1830
	平均	0.2892	0.2658	0.2279	0.1800	0.1464

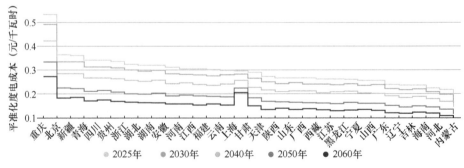

图 3-4　2025—2060 年中国各省份风电平准化度电成本的变化预测

2. 光伏发电

研究使用国家气候中心研制的高时空分辨率太阳能资源数据库来计算光伏发电量。太阳能资源数据的水平分辨率为 15 千米×15 千米，时间分辨率为 1 小时，时间长度为 2000—2021 年。为了生成该数据集，首先结合中分辨率成像光谱仪（Moderate Resolution Imaging Spectroradiometer，MODIS）云产品和多功能传输卫星（Multi-functional Transport Satellite，MTSAT）数据，构建基于人工神经网络（ANN）的方法，通过 MTSAT 图像估算云参数（云掩膜、有效粒子半径和液体/冰水路径）。其次将估算的云参数和其他信息（如气溶胶、臭氧和可降水量）输入参数化模型，计算水平面太阳辐射。通过对中国辐射站观测数据和操作站数据进行独立验证，确定这些数据的准确性和质量比两种常用的空间分辨率较低的太阳辐射产品（GLASS 和 ISCCP-FD）更高。

在前人工作的基础上，本研究采用的太阳能光伏模型考虑了环境温度、风速、最佳倾角、方位角等因素对功率输出效率的影响。具体而言，利用修正后的模型计算每小时太阳能光伏发电量：

$$P_{PV} = P_{PV,STC} \left[1 + \frac{\mu}{\eta_{PV,STC}}(T_a - T_{STC}) + \frac{\mu}{\eta_{PV,STC}} \frac{9.5}{5.7 + 3.8V} \frac{(NOCT - 20)}{800}(1 - \eta_{PV,STC}) \times G_{g,t} \right]$$

$$\frac{G_{g,t}}{R_{STC}} \times A_{PV} \times K \times \alpha$$

其中，P_{PV} 为 PV 系统输出的功率，单位为瓦；$P_{PV,STC}$ 为标准测试条件下系统输出功率，单位为瓦；$\eta_{PV,STC}$ 为标准测试条件下光伏组件的效率，单位为%；μ 为输出功率的温度系数，取值为 0.043%/℃；T_a 为环境温度，单位为℃；T_{STC} 为标准试验条件温度，取值为 25℃；V 为风速，单位为米/秒；NOCT 为电池额定工作温度，取值为 45℃；A_{PV} 为与光伏阵列功率峰值相关的光伏阵列面积，单位为平方米；$G_{g,t}$ 为地表全球太阳辐照量，单位为瓦/平方米；R_{STC} 为标准试验条件下的太阳光照强度，取值为 1000 瓦/平方米；K 为最佳倾斜面总辐射与水平面总辐射之比。利用 Klein-Hay 模型计算中国 2461 个地面站的最佳倾斜面总辐射，并对 2461 个地面站的 K 进行空间插值，得到各像素点的值。α 为系统效率系数，考虑了老化、遮光、填充因子、地面反射率损失等因素，依据《中国光伏产业发展路线图（2018 年版）》，将 α 设置为 0.8。从 ERA-interim 再分析资料中提取 3 小时的环境温度数据，并插值到小时尺度中。每小时风速由国家气候中心计算。

为了确定适合光伏发电（Photovoltaic，PV）选址的区域，我们使用土地使用类型、自然保护区、坡度和年利用小时数作为筛选数据的标准。根据政府政策和光伏电站选址的适宜性，为每种土地覆盖类型分配一个最大利用系数。土地覆盖类型数据来自中国科学院。集中式光伏发电最适合选址在开阔平坦的区域，而分散式光伏发电不受坡度的限制，我们设定 3%为集中式光伏发电选址的最大允许坡度。为了稳定经济成本，经咨询中国可再生能源学会光伏专业委员会，将可开发土地的最低年利用小时数设置为 1000 小时。因此，我们构建了一个地图，描述了 PV 选址的每个网格单元的最大利用系数，取值为 0~1；土地利用转化因子往往因技术和当地条件的不同而存在不确定性，在本研究中，基于对太阳能项目开发人员的采访，我们使用 30 兆瓦/平方千米的平均数据。

为了更准确地刻画光伏发电的时空波动特性，我们需要当前及未来不同情景下的光伏电站具体点位。这里我们使用自然资源部国土卫星遥感应用中心发布的 2022 年 6 月我国光伏电站遥感实时监测数据及 Kruitwagen 等人在 *Nature* 上发表的论文 "A global inventory of photovoltaic solar energy generating units" 中整理的数据。

为了分析未来，尤其是"十四五"期间的光伏电站分布，我们收集了各省份"十四五"可再生能源规划数据、各省份"十四五"能源电力规划数据等（见表 3-3），以确定各省份"十四五"期间光伏电站的新增装机容量。

对于未来光伏发电系统的成本，根据美国能源部能量效率与可再生能源办公室（Office of Energy Efficiency and Renewable Energy）发布的研究报告 *Solar Futures Study* 中光伏发电系统平准化度电成本的学习曲线，预测中国 31 个省份 2025 年、2030 年、2040 年、2050 年和 2060 年的光伏发电系统平准化度电成本（见表 3-5 和图 3-5）。将新增的光伏电站装机容量进行分配，即假定优先选择光伏发电系统平准化度电成本最低的网格进行开发，以实现新增光伏发电的精准落点落区。

表 3-5　2025—2060 年中国各省份光伏发电系统平准化度电成本的变化

单位：元/千瓦时

序号	省份	2025 年	2030 年	2040 年	2050 年	2060 年
1	北京	0.3896	0.3519	0.3116	0.2643	0.2289
2	天津	0.2922	0.2563	0.2127	0.1658	0.1223
3	河北	0.2817	0.2471	0.2071	0.1575	0.1181
4	山西	0.2760	0.2381	0.1976	0.1502	0.1146
5	内蒙古	0.2548	0.2197	0.1804	0.1409	0.1077
6	辽宁	0.2883	0.2488	0.2065	0.1590	0.1213
7	吉林	0.2889	0.2493	0.2069	0.1593	0.1215
8	黑龙江	0.2966	0.2561	0.2105	0.1621	0.1196
9	上海	0.3829	0.3331	0.2745	0.2114	0.1585
10	江苏	0.3285	0.2838	0.2375	0.1849	0.1367
11	浙江	0.3662	0.3166	0.2648	0.2019	0.1534
12	安徽	0.3520	0.3042	0.2525	0.1924	0.1443
13	福建	0.3390	0.2969	0.2444	0.1882	0.1412
14	江西	0.3874	0.3350	0.2780	0.2161	0.1601
15	山东	0.3023	0.2610	0.2186	0.1663	0.1227
16	河南	0.3324	0.2872	0.2363	0.1840	0.1400
17	湖北	0.3787	0.3274	0.2738	0.2128	0.1576
18	湖南	0.4201	0.3655	0.3054	0.2331	0.1729
19	广东	0.3626	0.3155	0.2638	0.2032	0.1524
20	广西	0.3963	0.3467	0.2898	0.2251	0.1669
21	海南	0.3296	0.2848	0.2384	0.1815	0.1362
22	重庆	0.4693	0.4063	0.3392	0.2592	0.1964
23	四川	0.3221	0.2782	0.2329	0.1814	0.1340
24	贵州	0.4187	0.3623	0.3027	0.2351	0.1783
25	云南	0.2823	0.2476	0.2035	0.1567	0.1155
26	西藏	0.2886	0.2531	0.2100	0.1617	0.1193
27	陕西	0.2810	0.2424	0.1992	0.1554	0.1186
28	甘肃	0.2554	0.2242	0.1861	0.1413	0.1059
29	青海	0.2387	0.2056	0.1687	0.1279	0.0939
30	宁夏	0.2754	0.2376	0.1992	0.1554	0.1185
31	新疆	0.2896	0.2520	0.2071	0.1615	0.1191
	平均	0.3243	0.2821	0.2342	0.1823	0.1367

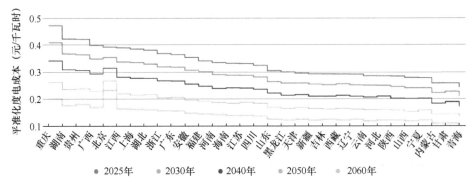

图 3-5　2025—2060 年中国各省份光伏发电系统平准化度电成本的变化预测

3．水电

模型中水电的现状数据来自中国电力企业联合会发布的《中国电力行业年度发展报告 2021》。水电成本数据来自国际可再生能源机构发布的报告 *Renewable Power Generation Costs in 2021*。

4．生物质发电

模型中生物质发电的现状数据来自《中国电力行业年度发展报告 2021》。生物质发电的当前成本数据来自国际可再生能源机构发布的报告 *Renewable Power Generation Costs in 2021*。生物质发电的未来成本数据来自华中科技大学陈新宇老师的论文 "Pathway toward carbon-neutral electrical systems in China by mid-century with negative CO$_2$ abatement costs informed by high-resolution modeling"。

5．煤电和天然气发电

模型中煤电和天然气发电的现状数据来自《中国电力行业年度发展报告 2021》。煤电的当前成本数据和未来成本数据均来自华中科技大学陈新宇老师的论文 "Pathway toward carbon-neutral electrical systems in China by mid-century with negative CO$_2$ abatement costs informed by high-resolution modeling"。

对于煤电灵活性改造，研究假设：①具备灵活性改造的机组容量占煤电装机容量的比重从 2020 年前后的约 50% 提升到 2060 年的 80%；②"十四五"时期改造规模达 2 亿千瓦，调峰能力下限为 40%，释放灵活性资源 3000 万～

4000 万千瓦；③以后每 5 年对机组调节能力下限设置 5% 的下降，至 2035 年调节能力下限降低至 30% 后不变。煤电灵活性的成本可分为显性成本和隐性成本。显性成本包括前期投资建设成本和灵活运行带来的成本增量等，易于量化分析，隐性成本则包括常规机组提供灵活性后造成的设备加速损耗或寿命加速缩减，不易于计算。具体的成本参数参考华北电力大学袁家海老师等人的研究报告《电力系统灵活性提升：技术路径、经济性与政策建议》。

对于"煤电+CCUS"参数的设置，本研究对我国具备全流程 CCUS 实施条件的煤电厂减排潜力进行评估（见图 3-6）。

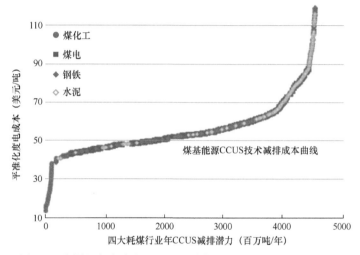

图 3-6　我国具备全流程 CCUS 实施条件的煤电厂减排潜力评估

6. 核电

模型中核电的现状数据来自《中国电力行业年度发展报告 2021》。核电的当前成本数据和未来成本数据均来自世界核能协会（World Nuclear Association）的研究报告 *Economics of Nuclear Power*。

7. 电网

模型中电网省间传输通道数据来自华中科技大学陈新宇老师的论文 "Pathway toward carbon-neutral electrical systems in China by mid-century with negative CO_2 abatement costs informed by high-resolution modeling"。

对于未来的电网规划,本研究新增了对电网规划中"三交九直"线路的刻画(见表 3-6),形成完善的电网传输模型,助力实现东西部电网协调发展,使得新能源传输和电网配储优化模型更加有效与可靠。

表 3-6 电网规划中"三交九直"线路起始点及配置新能源开发容量

编号	线路名称	线路路径	配置新能源开发容量	备注
1	山西大同一天津	大同一怀来一天津北一天津南	800 万千瓦	—
2	张北一胜利	张北一胜利	—	—
3	川渝环网	成都一重庆		—
4	藏东南一粤港澳大湾区	昌都一四川一贵州一广西一广东	2550 万千瓦	—
5	四川金上一湖北	金上一重庆一湖北		—
6	甘肃陇东一山东	陇东一陕西一山西一河南一山东	800 万千瓦	风电装机容量:500 万千瓦;光伏发电装机容量:300 万千瓦
7	新疆哈密一重庆	哈密一甘肃一四川一重庆	830 万千瓦	风电装机容量:680 万千瓦;光伏发电装机容量:150 万千瓦
8	蒙西一京津冀	鄂尔多斯一河北一天津	1150 万千瓦	—
9	陕西一河南	榆林一山西一河南	1150 万千瓦	风电装机容量:300 万千瓦;光伏发电装机容量:850 万千瓦
10	陕西一安徽	延安一河南一安徽	1170 万千瓦	风电装机容量:320 万千瓦;光伏发电装机容量:850 万千瓦
11	宁夏一湖南	中卫一甘肃一陕西一重庆一湖北一湖南	1050 万千瓦	风电装机容量:350 万千瓦;光伏发电装机容量:700 万千瓦
12	甘电入浙	金昌、武威、张掖一陕西一河南一安徽一浙江	1150 万千瓦	风电装机容量:350 万千瓦;光伏发电装机容量:800 万千瓦

8. 电力需求

以 2017 年全国各省份逐小时的电力负荷为基础（见图 3-7），依据区域电力需求和电力负荷增长系数（见图 3-8），预测 2035 年、2040 年、2050 年和 2060 年全国各省份逐小时的电力负荷。

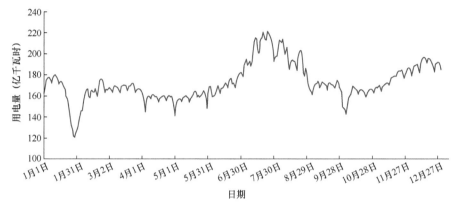

图 3-7　2017 年全国日用电量变化（基于 8760 小时负荷统计）

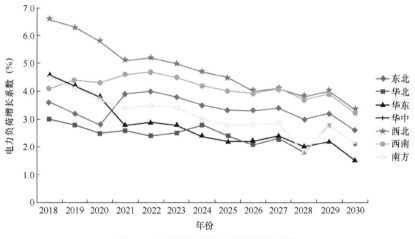

图 3-8　不同区域电力负荷增长系数

3.1.3　CE-power 模型的储能模块开发

CE-power 模型依据储能的物理特性将储能划分为 3 种类型，即抽水蓄能、氢储能和新型储能。

1. 抽水蓄能

抽水蓄能装机的现状数据（2021 年全国各省份的装机容量）来自水利水电规划设计总院发布的《抽水蓄能产业发展报告 2021》和《中国可再生能源发展报告 2021》。抽水蓄能装机的规划数据来自国家能源局综合司发布的《抽水蓄能中长期发展规划（2021—2035 年）》。基于上述文件进行研究预测：2025 年我国抽水蓄能的装机容量约为 6900 万千瓦，2030 年约为 1.6 亿千瓦，2060 年约为 4 亿～4.5 亿千瓦。

抽水蓄能的物理和经济参数数据（如单位机组的容量范围、充放电时间、循环寿命和造价等）主要来自美国西北太平洋国家实验室（Pacific Northwest National Laboratory，PNNL）发布的研究报告 *Energy Storage Cost and Performance Database*，以及美国国家可再生能源实验室（National Renewable Energy Laboratory，NREL）发布的研究报告 *Storage Futures Study: Key Learnings for the Coming Decades*。

2. 氢储能

CE-power 模型中的氢储能仅考虑绿氢，其存在形式为新能源（绿电）制绿氢，绿氢再转换成绿电。氢储能的成本数据来自国际可再生能源署（International Renewable Energy Agency，IRENA）发布的研究报告 *Hydrogen: A renewable energy perspective*、PNNL 发布的研究报告 *Energy Storage Cost and Performance Database*，以及 NREL 发布的研究报告 *Storage Futures Study: Key Learnings for the Coming Decades*。

3. 新型储能

CE-power 模型中的新型储能主要考虑锂离子电池储能，其物理参数和经济参数数据（如单位机组的容量范围、充放电时间、循环寿命和造价等）主要来自 PNNL 发布的研究报告 *Energy Storage Cost and Performance Database*，以及 NREL 发布的研究报告 *Storage Futures Study: Key Learnings for the Coming*

Decades。

最终，研究得到的各类储能的单位装机投资成本如图 3-9 所示。

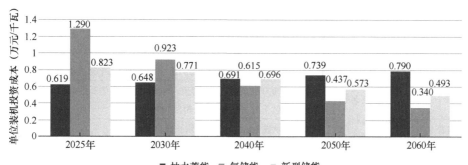

图 3-9　各类储能的单位装机投资成本

3.1.4　模型情景设置

根据研究需求，模型设置了 4 种情景：情景 1 为基础情景，情景 2 为高新能源情景，情景 3 为高火电情景，情景 4 为不利气候条件情景（见表 3-7）。

另外，CE-power 模型中气电、核电和水电的发展规模数据（含预测数据）主要参考国网能源研究院有限公司的《中国能源电力发展展望 2021》（见表 3-8）。

表 3-7　模型的情景设置

情景	2025 年	2030 年	2040 年	2050 年	2060 年
情景 1（基础情景）：新能源适中+高火电+低火电利用率	依据各省份"十四五"相关规划文件设置	"十五五"（2026—2030 年）：风电装机容量年均增长约 5500 万千瓦；光伏发电装机容量年均增长约 6500 万千瓦	2031—2040 年：风电装机容量年均增长约 6000 万千瓦；光伏发电装机容量年均增长约 7000 万千瓦	2041—2050 年：风电装机容量年均增长约 6500 万千瓦；光伏发电装机容量年均增长约 7500 万千瓦	2051—2060 年：风电装机容量年均增长约 5000 万千瓦；光伏发电装机容量年均增长约 6000 万千瓦
		煤电：2030 年装机容量达到峰值，峰值约为 13.31 亿千瓦，2060 年保留约 9.07 亿千瓦，利用小时数约为 992 小时			

续表

情景	2025 年	2030 年	2040 年	2050 年	2060 年
情景 2（高新能源情景）：高新能源+低火电+低火电利用率	依据各省份"十四五"相关规划文件设置	"十五五"（2026—2030 年）：风电装机容量年均增长约 6000 万千瓦；光伏发电装机容量年均增长约 7500 万千瓦	2031—2040 年：风电装机容量年均增长约 6500 万千瓦；光伏发电装机容量年均增长约 8000 万千瓦	2041—2050 年：风电装机容量年均增长约 7000 万千瓦；光伏发电装机容量年均增长约 8500 万千瓦	2051—2060 年：风电装机容量年均增长约 5500 万千瓦；光伏发电装机容量年均增长约 7000 万千瓦
		煤电：2030 年装机容量达到峰值，峰值约为 13.8 亿千瓦，随后减少，2060 年保留约 4 亿千瓦，利用小时数约为 1000 小时			
情景 3（高火电情景）：新能源适中+高火电+高火电利用率		风电、光伏发电装机容量年均增长情况同情景 1			
		煤电：2030 年装机容量达到峰值，峰值约为 13.8 亿千瓦，随后减少，2060 年保留约 10 亿千瓦，利用小时数约为 3143 小时			
情景 4（不利气候情景）：不利气候条件		假设 2060 年为极端小风小光年，即风光发电量分别减小约 10%；风电、光伏发电装机容量年均增长情况及煤电装机容量变化情况同情景 1			

表 3-8 气电、核电和水电的发展规模数据（含预测数据）

单位：亿千瓦

电源类型	2020 年	2025 年	2030 年	2060 年
气电	1.0	1.5	2.3	3.0
核电	0.5	0.8	1.2	2.3
水电	3.4	3.8	4.1	5.1

3.2 基础情景下我国储能中长期需求预测

3.2.1 电源装机结构

基础情景下，2030 年约 95%的新增电源装机为风电、光伏发电、水电及核电装机，2030 年非化石能源发电装机容量约为 25 亿千瓦，约占总电源装机容量的 63%（总装机容量约为 39.81 亿千瓦），2060 年非化石能源发电装机容量约为

65 亿千瓦，约占总电源装机容量的 84%（总装机容量约为 77.30 亿千瓦）。

　　风电、光伏发电逐步成为新型电力系统中的电源主体。2030 年，风电、光伏发电装机容量约为 19.68 亿千瓦（其中，风电装机容量约为 8.62 亿千瓦，光伏发电装机容量约为 11.06 亿千瓦），约占总电源装机容量的 49.4%。2060 年，风电、光伏发电装机容量约为 57.68 亿千瓦（其中，风电装机容量约为 26.12 亿千瓦，光伏发电装机容量约为 31.56 亿），约占总电源装机容量的 74.6%。

　　煤电装机容量在 2030 年达到峰值，峰值约为 13.31 亿千瓦，约占总电源装机容量的 33%；随后缓慢下降，2060 年约为 9.07 亿千瓦，约占总电源装机容量的 12%（见图 3-10）。

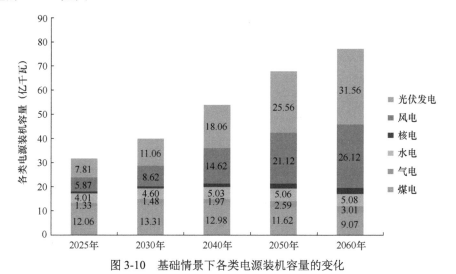

图 3-10　基础情景下各类电源装机容量的变化

3.2.2　发电量结构和利用小时数

　　基础情景下，2030 年非化石能源发电量约为 5.58 万亿千瓦时，约占总发电量（10.44 万亿千瓦时）的 53.4%，2060 年非化石能源发电量约为 14.72 万亿千瓦时，约占总发电量（16.3 万亿千瓦时）的 90.3% 。

　　风电、光伏发电逐步成为新型电力系统中的电量主体。2030 年，风电、光伏发电量约为 3.39 万亿千瓦时（其中，风电发电量约为 1.91 万亿千瓦时，光伏发电量约为 1.48 万亿千瓦时），约占总发电量的 32.5%。2060 年，风电、光伏发电量约为 10.63 万亿千瓦时（其中，风电发电量约为 6.16 万亿千瓦时，光伏发电量约为 4.47 万亿千瓦时），约占总发电量的 65.2%。

煤电发电量在 2030 年达到峰值，峰值约为 4.52 万亿千瓦时，约占总发电量的 43.3%，随后快速下降，2060 年约为 0.94 万亿千瓦时，约占总发电量的 5.8%（见图 3-11）。

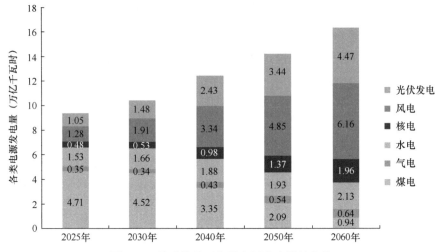

图 3-11 基础情景下各类电源发电量的变化

基础情景下，煤电利用小时数持续下降，从 2025 年的 3903 小时，下降到 2060 年的 992 小时。由于技术进步的影响，其他电源的利用小时数略有上升（见图 3-12）。

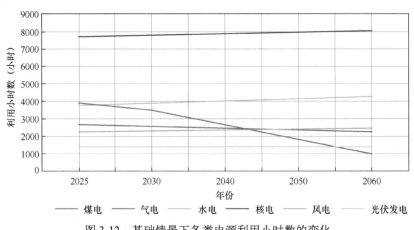

图 3-12 基础情景下各类电源利用小时数的变化

3.2.3　电源发电成本

基础情景下，电源发电成本呈现先增加后减小的趋势。其中，2040 年的电源发电成本最高，为 3.38 万亿元；2060 年的电源发电成本最低，为 2.92 万亿元。

2030 年，煤电发电成本最高，约为 1.77 万亿元，2060 年下降到 0.35 万亿元（见图 3-13）。

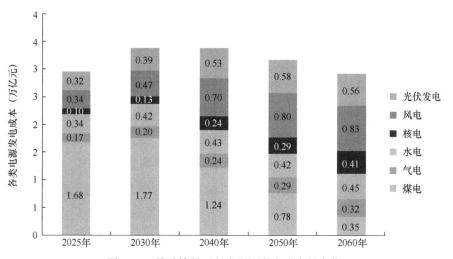

图 3-13　基础情景下各类电源发电成本的变化

3.2.4　储能的装机容量和结构

基础情景下，储能装机容量持续增加，从 2025 年的约 1 亿千瓦，增加到 2060 年的 16.1 亿千瓦，增长约 15 倍。从绝对量上看，2030 年之后，储能装机容量大幅增加（见图 3-14）。

3.2.5　储能的空间布局

基础情景下，抽水蓄能的装机容量持续增加，从 2025 年的约 0.67 亿千瓦,增加到 2060 年的 4.12 亿千瓦,增长约 5 倍。

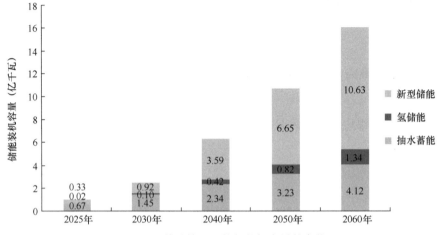

图 3-14 基础情景下储能装机容量的变化

就不同区域而言,2030 年,华东地区抽水蓄能装机容量最大,约为 3100 万千瓦,约占全国抽水蓄能总装机容量的 21.26%;西南地区抽水蓄能装机容量最小,约为 230 万千瓦,约占全国抽水蓄能总装机容量的 1.6%。2060 年,西北地区抽水蓄能装机容量最大,约为 8700 万千瓦;华北地区抽水蓄能装机容量最小,约为 3600 万千瓦(见图 3-15)。

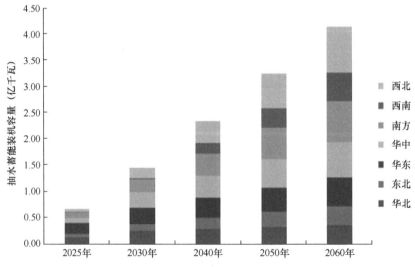

图 3-15 基础情景下不同区域抽水蓄能装机容量的变化

　　基础情景下，氢储能的装机容量持续增加，从 2025 年的约 239 万千瓦，增加到 2060 年的 1.34 亿千瓦，增长约 55 倍。

　　就不同区域而言，氢储能装机主要集中于西北、华北和南方地区。2060 年，这 3 个地区的氢储能装机容量约占全国氢储能总装机容量的 74.20%，其中，华北地区约占 30.49%，西北地区约占 22.65%，南方地区约占 21.06%（见图 3-16）。

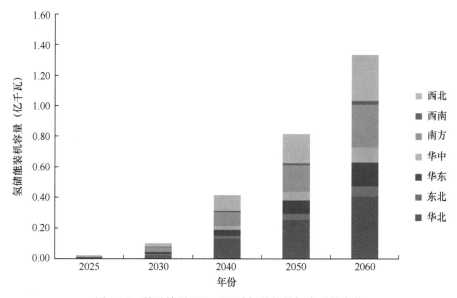

图 3-16　基础情景下不同区域氢储能装机容量的变化

　　基础情景下，新型储能装机容量持续增加，从 2025 年的约 0.33 亿千瓦，增加到 2060 年的 10.63 亿千瓦，增长约 31 倍。

　　就不同区域而言，预计到 2060 年，新型储能装机主要集中于西北、华北和南方地区。2060 年，这 3 个地区的新型储能装机容量约占全国新型储能总装机容量的 74.8%，其中，华北地区约占 31.6%，西北地区约占 21.9%、南方地区约占 21.3%（见图 3-17）。

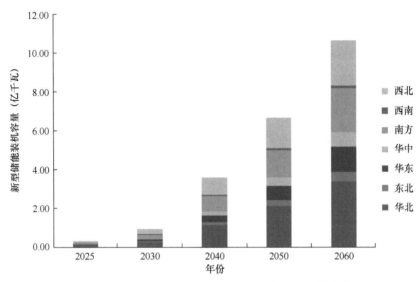

图 3-17　基础情景下不同区域新型储能装机容量的变化

3.2.6　储能与新能源的配置比例

基础情景下，2025—2060 年，储能装机容量占风光新能源装机容量的比重持续升高，从 2025 年的 7.39%，增长到 2060 年的 27.91%（见图 3-18）。各省份储能装机容量主要取决于新能源装机容量（见图 3-19）。

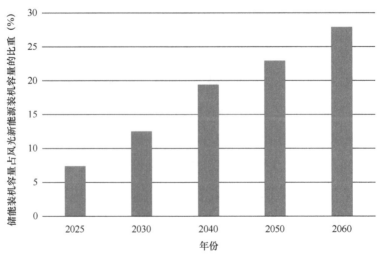

图 3-18　基础情景下储能装机容量占风光新能源装机容量的比重

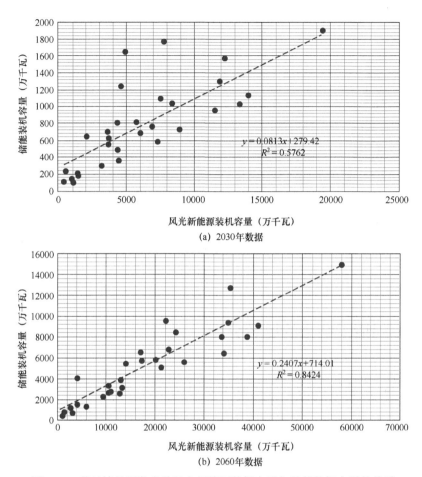

(a) 2030年数据

(b) 2060年数据

图 3-19　基础情景下各省份风光新能源装机容量与储能装机容量的关系

3.2.7　储能的运行时长

基础情景下，2025—2060 年，随着储能装机容量的增长，中长时储能（4 小时以上）装机容量占储能总装机容量的比重逐步提高。2030 年，短时储能（0～4 小时）装机容量占储能总装机容量的比重约为 54.43%，中长时储能（4 小时以上）装机容量占储能总装机容量的比重约为 45.57%；2060 年，短时储能（0～4 小时）装机容量占储能总装机容量的比重约为 33.89%，中长时储能（4 小时以上）装机容量占储能总装机容量的比重约为 66.11%（见图 3-20）。

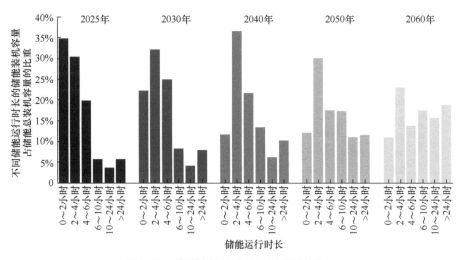

图 3-20　基础情景下储能运行时长的变化

3.3　不同情景结果的比较分析

3.3.1　高新能源情景与基础情景对比分析

高新能源情景下，2060 年，风电、光伏发电装机容量约为 83.29 亿千瓦，约占总装机容量的 84.8%，比基础情景增加约 25.61 亿千瓦。煤电装机容量约为 4.45 亿千瓦，约占总装机容量的 4.5%，比基础情景减少约 4.62 亿千瓦（见图 3-21）。

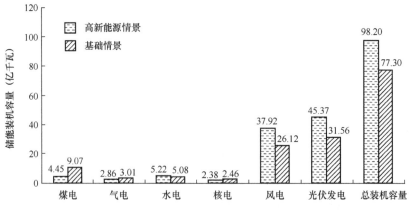

图 3-21　基础情景和高新能源情景下 2060 年储能装机容量的比较

高新能源情景下，2060 年，风电、光伏发电量约为 15.45 万亿千瓦时，约占总发电量的 75.0%，比基础情景增加约 4.82 万亿千瓦时。煤电发电量约为 0.46 万亿千瓦时，约占总发电量的 2.2%，比基础情景减少约 0.48 万亿千瓦时（见图 3-22）。

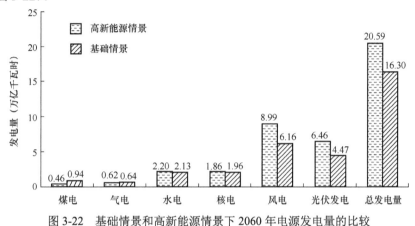

图 3-22　基础情景和高新能源情景下 2060 年电源发电量的比较

高新能源情景下，2060 年，储能累计装机容量约为 21.39 亿千瓦，比基础情景增加约 5.30 亿千瓦。其中：抽水蓄能装机容量约为 4.48 亿千瓦，比基础情景增加约 0.36 亿千瓦；氢储能装机容量约为 3.55 亿千瓦，比基础情景增加约 2.21 亿千瓦，增加约 165.0%；新型储能装机容量约为 13.36 亿千瓦，比基础情景增加约 2.73 亿千瓦，增加约 25.7%（见图 3-23）。

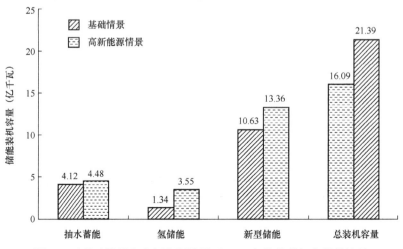

图 3-23　基础情景和高新能源情景下 2060 年储能装机容量的比较

与基础情景相比，高新能源情景下发电成本有所增加。2060 年的总发电成本为 3.38 万亿元，比基础情景增加约 0.46 万亿元。其中，新能源发电（风电、光伏发电）成本增加约 0.62 万亿元，煤电成本减少约 0.18 万亿元（见图 3-24）。

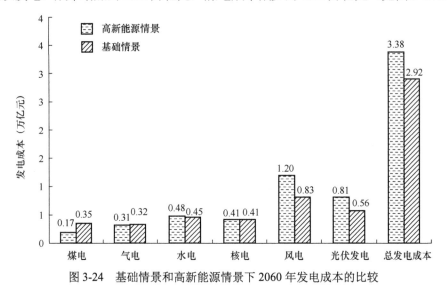

图 3-24 基础情景和高新能源情景下 2060 年发电成本的比较

与基础情景相比，高新能源情景下储能投资成本有所增加。2060 年的储能总投资成本约为 11.33 万亿元，比基础情景增加约 2.38 万亿元（见图 3-25）。

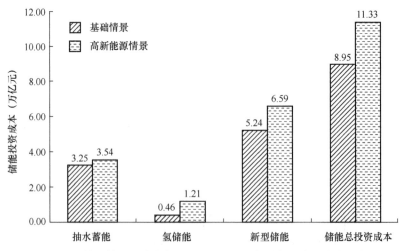

图 3-25 基础情景和高新能源情景下 2060 年储能投资成本的比较

与基础情景相比，在高新能源情景下，短时储能（0～4 小时）装机容量占储能总装机容量的比重有所下降，而中长时储能（4 小时以上）装机容量占储能总装机容量的比重有所提升。2060 年，短时储能（0～4 小时）装机容量占储能总装机容量的比重约为 28.01%，比基础情景减少约 5.88 个百分点；中长时储能（4 小时以上）装机容量占储能总装机容量的比重约为 71.99%，比基础情景增加 5.88 个百分点，其中 4～24 小时的储能装机容量增加约 6.94 个百分点，而大于 24 小时的储能装机容量减少约 1.05 个百分点（见图 3-26 和表 3-9）。

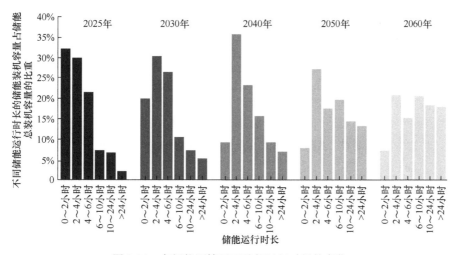

图 3-26　高新能源情景下储能运行时长的变化

表 3-9　高新能源情景和基础情景下储能运行时长的比较

储能运行时长	2025 年	2030 年	2040 年	2050 年	2060 年
0～2 小时	−2.62%	−2.28%	−2.54%	−4.45%	−3.77%
2～4 小时	− 0.54%	−1.81%	− 0.85%	−3.01%	−2.11%
4～6 小时	1.77%	1.53%	1.61%	0.16%	1.25%
6～10 小时	2.01%	2.16%	2.10%	2.33%	3.19%
10～24 小时	3.06%	3.08%	2.86%	3.33%	2.50%
>24 小时	−3.68%	−2.68%	−3.20%	1.63%	−1.05%

3.3.2　高火电情景与基础情景对比分析

高火电情景下，2060 年，煤电利用小时数约为 3143 小时，比基础情景增加约 2151 小时（见图 3-27），煤电发电量约为 2.91 万亿千瓦时，约占总发电量的 15.7%，比基础情景增加约 1.97 万亿千瓦时（见图 3-28）。

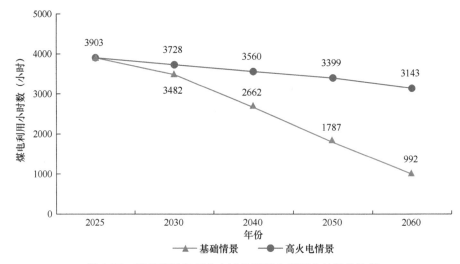

图 3-27　基础情景和高火电情景下煤电利用小时数的比较

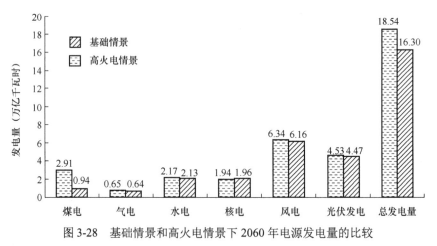

图 3-28　基础情景和高火电情景下 2060 年电源发电量的比较

高火电情景下，2060 年，储能装机容量约为 13.46 亿千瓦，比基础情景减少约 2.64 亿千瓦。其中：抽水蓄能装机容量约为 3.90 亿千瓦，比基础情景减少约 0.22 亿千瓦；氢储能装机容量约为 1.39 亿千瓦，比基础情景增加约 0.05 亿千瓦；新型储能装机容量约为 8.17 亿千瓦，比基础情景减少约 2.46 亿千瓦，减少约 23.1%（见图 3-29）。

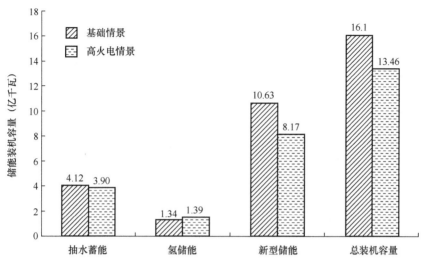

图 3-29 基础情景和高火电情景下 2060 年储能装机容量的比较

与基础情景相比,高火电情景下总发电成本有所增加。2060 年的发电成本约为 3.69 万亿元,比基础情景增加约 0.77 万亿元。其中,煤电发电成本增加约 0.72 万亿元(见图 3-30)。

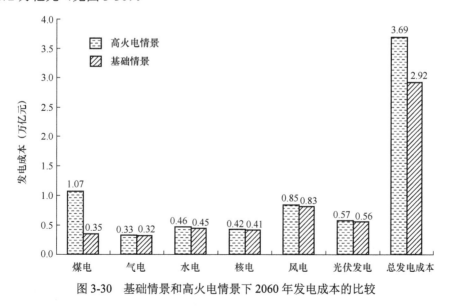

图 3-30 基础情景和高火电情景下 2060 年发电成本的比较

与基础情景相比,高火电情景下储能投资成本有所减少。2060 年储能投资成本约为 7.58 万亿元,比基础情景减少约 1.37 万亿元(见图 3-31)。

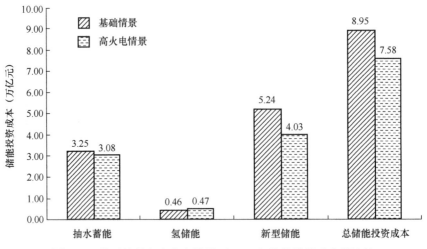

图 3-31　基础情景和高火电情景下 2060 年储能投资成本的比较

与基础情景相比，高火电情景下，短时储能（0～4 小时）装机容量占储能总装机容量的比重有所下降，而中长时储能（4 小时以上）装机容量占储能总装机容量的比重有所提升。2060 年，短时储能（0～4 小时）装机容量占储能总装机容量的比重约为 29.51%，比基础情景减少 4.38 个百分点；中长时储能（4小时以上）装机容量占储能总装机容量的比重约为 70.49%，比基础情景增加4.38 个百分点，其中大于 24 小时的长时储能装机容量增加 4.33 个百分点（见图 3-32 和表 3-10）。

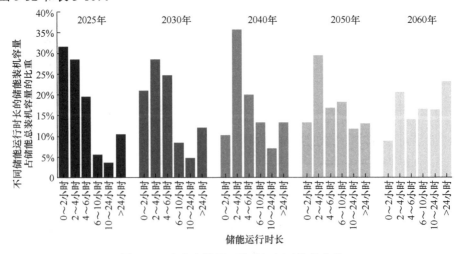

图 3-32　高火电情景下储能运行时长的变化

表 3-10　高火电情景和基础情景下储能运行时长的比较

储能运行时长	2025 年	2030 年	2040 年	2050 年	2060 年
0~2 小时	−3.17%	−1.07%	−1.41%	−2.02%	−2.02%
2~4 小时	−1.97%	−3.67%	− 0.88%	− 0.75%	−2.36%
4~6 小时	− 0.17%	− 0.23%	−1.49%	− 0.42%	0.21%
6~10 小时	0.25%	0.09%	− 0.18%	0.83%	− 0.84%
10~24 小时	0.18%	0.61%	0.79%	0.76%	0.68%
>24 小时	4.88%	4.28%	3.16%	1.60%	4.33%

3.3.3　不利气候情景与基础情景对比分析

与基础情景（2060 年煤电装机容量保留约 9.07 亿千瓦，煤电利用小时数约为 992 小时）相比，2060 年，不利气候情景（在 2030 年、2040 年等节点年，风电、光伏发电出力分别降低约 10%）下，全国煤电利用小时数为 1420 小时，增加约 43.1%。

不利气候情景下，煤电利用小时数较高的省份依次为湖南、内蒙古、新疆、辽宁、河南、山西等省份（见图 3-33）。

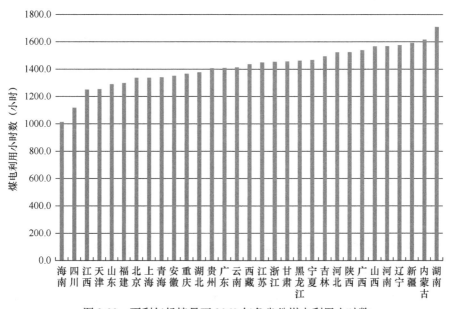

图 3-33　不利气候情景下 2060 年各省份煤电利用小时数

第4章　基于电力市场仿真技术的储能规模与优化配置研究

在第 3 章通过建立模型对我国储能发展路径进行仿真模拟的基础上，本章立足于规模化、市场化应用的现实需求，通过构建电力现货市场长周期仿真模型，并选取风电、光伏发电装机容量较高的蒙西地区作为"样板地区"，对储能规模的优化配置及其经济性进行研究。

4.1　电力现货市场长周期仿真模型开发

4.1.1　未来电力系统和电力市场化改革的趋势

1. 电力系统发展趋势

"十四五"时期是碳达峰的关键期、窗口期，要重点做好以下几项工作。中央财经委员会第九次会议指出，要构建清洁低碳安全高效的能源体系，控制化石能源总量，着力提高利用效能，实施可再生能源替代行动，深化电力体制改革，构建以新能源为主体的新型电力系统。这是党中央基于加强生态文明建设、保障国家能源安全、实现可持续发展做出的重大决策部署，对电力企业转型发展具有重大战略指导意义。总体来看，新型电力系统具有以下特征。

一是风、光等新能源大规模、更快速发展。自我国提出"双碳"目标以来，我国能源已经开始从"高碳"结构向"低碳"结构加速转变。目前，我国的水电优质资源已经基本开发完毕，核电受选址资源约束，生物质资源较为分散。相比之下，我国风光资源丰富，技术也相对成熟，未来将成为装机主力电源。

二是电力系统应能够有效应对间歇性与波动性。风光电的最大特点是具有间歇性、波动性及不确定性。在大规模高比例发展的情况下，电力系统安全受到影响。新型电力系统需要具有高度的灵活性，才能够有效应对新能源引发的各种问题。电力系统应为具有较强预测能力和平衡调控能力的调度系统，"风光水火储输"协调互补的运行特征明显。

三是集中式与分布式相结合。考虑到新能源资源与负荷的分布特性，未来集中式与分布式相互结合、协同发展将成为新型电力系统的重要特征。一方面，集中式电源和分布式电源相结合，另一方面，主干电网和区域电网、微电网相结合。其中，储能在促进结合方面将发挥重要作用。

四是数字化与智能化特征明显。市场主体数量将大幅增多，为了有效应对各类资源的多种特征，以及负荷的复杂多变性，未来新型电力系统将呈现出高度数字化、智能化特征。通过大数据、云计算等信息技术，新型电力系统将实现电力设备与智能电网的深度融合，并构建连接发电、输电、用电、储能等各环节电力设备的智慧物联系统。

2. 电力市场化改革趋势

2017 年，国家发展改革委要求浙江、山西、山东等 8 个省份启动第一批电力现货建设试点。2021 年 3 月，国家发展改革委公布了第二批 6 个电力现货建设试点省份，分别在辽宁、江苏、安徽、河南、上海和湖北进行试点。结合目前的电力现货市场建设，对未来进行如下展望。

一是我国实行电力现货市场建设的省份将达到 20 个以上。目前国家要求开展的第一批和第二批电力现货建设试点省份有 14 个，还有 10 余个非试点省份在编制规则和建设技术支持系统。由于电力现货市场具有价格发现、成本疏导、提升发电能力、促进新能源消纳等重要功能，因此电力现货市场替代传统计划体制已经成为共识。经过综合判断，未来实行电力现货市场建设的省份将超过 20 个。

二是电力现货市场的价格发现功能。电力现货市场普遍采用节点边际电价的价格形成机制，这种价格形成机制是指根据市场内所有发电侧和用电侧（如果用户侧参与电力现货市场）的报量与报价，形成节点边际价格。从概念上讲，节点边际价格并不是由某一个市场主体的报价决定的，而是由"最后一个"中标主体的报价决定的。该节点边际价格根据每个交易时段的供需情况形成，因此，在一天内的 96 个时段，会根据市场内的发电供应和负荷需求形成时变的价格，该价格能够真实地反映供需关系。同时，节点边际电价还能够反映输电网阻塞导致的不同地点的电价。电力现货市场的价格发现功能是促使发电侧、用电侧及储能等市场主体根据价格主动调整运行策略的关键基础。

三是辅助服务市场与电量市场联合出清。在一个全电量集中出清的电力市场中，辅助服务会随着电力（有功功率）的增加或减少引起电量价格的变动。由于两者关系密不可分，因此在电力市场的顶层设计中，电力现货市场与调频、备用等辅助服务市场不仅在资源安排上需要联合优化，其价格形成机制也需要一并考虑，才能真正实现资源配置的效率与公平。目前，很多试点电量市场与辅助服务市场会单独出清，随着机制的不断完善，未来两者联合出清将成为必然。

四是市场主体不断增加。在国内开展电力现货市场的初期，主要是煤电机组参与市场。随着新能源装机规模的不断扩大，国家也在积极推动新能源快速进入市场，目前，蒙西和山西的新能源已经全部进入电力现货市场。一些特殊电源也加入了电力现货市场竞争，例如，山东的独立储能电站能够在山东的电力现货市场中套利运行。随着电力现货市场的成熟，本着"技术中立"的市场建设原则，更多类型的发电资源（新型储能、抽水蓄能、核电、负荷侧资源）和市场主体进入电力现货市场是必然趋势。

五是各类型市场之间进行衔接。电力现货市场、碳排放权交易市场、绿证交易市场等已经开始陆续运行。各市场之间联系紧密，为了实现效益最大化，未来各市场之间将出现融合发展之势，包括碳市场与电力市场之间的融合、绿证交易市场与电力交易市场之间的融合。

4.1.2　储能接入电力系统、参与电力市场的互动机理

储能作为灵活性资源，可以实现削峰填谷的功能，储能充放电的时刻会影响系统各机组的出力并影响电能市场交易，对电力市场运营产生影响。储能对电力市场的影响，本质上是负荷需求增加和发电成本降低的经济性表现。例如，储能充电时，可看作负荷，负荷需求量增加，发电机组的出力增加，从而有可能提高该时刻的电价；储能放电时，可看作 0 元/兆瓦时报价的发电机组，系统中其他发电机组的出力减少，从而有可能降低该时刻的电价。储能将低价的电能储存后，于高价时刻放出，降低了系统总发电成本。本节将通过一个典型日的三母线系统算例直观说明储能对电网侧、发电侧和用户侧的影响。

1. 三母线算例

在一个包含 3 条母线和 2 台发电机组的电力系统中，母线 A 上有 1 个容量 400 兆瓦、报价 0 元/兆瓦时的光伏电站，母线 B 上有 1 台容量 1000 兆瓦、报价 350 元/兆瓦时的常规发电机组和 1 个用电负荷。无储能三母线系统接线图如图 4-1 所示，光伏发电出力功率时序曲线如图 4-2 所示，负荷功率时序曲线如图 4-3 所示。母线 B 为平衡节点，每条输电线路阻抗相同，AB 线路的输电容量上限为 100 兆瓦。下面将分别讨论无储能情况和有储能情况下的市场出清结果。

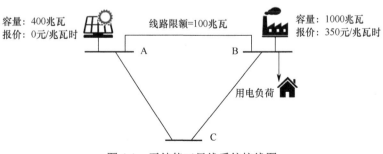

容量: 400兆瓦　报价: 0元/兆瓦时　　线路限额=100兆瓦　　容量: 1000兆瓦　报价: 350元/兆瓦时

A　　B

用电负荷

C

图 4-1　无储能三母线系统接线图

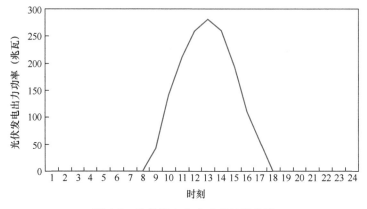

图 4-2　光伏发电出力功率时序曲线

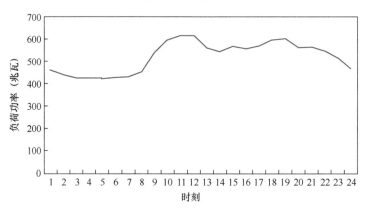

图 4-3　负荷功率时序曲线

1）无储能情况下的市场出清

在无储能情况下进行全日 24 个时刻的市场优化出清，出清结果的各母线节点边际电价时序曲线如图 4-4 所示，火电机组出力、光伏发电出力及弃电时序曲线如图 4-5 所示，AB 线路影子价格时序曲线如图 4-6 所示。影子价格不为 0 元/兆瓦时的时刻，AB 线路发生阻塞。在 1—10 时刻及 16—24 时刻，光伏发电出力全部被消纳，系统增加 1 兆瓦负荷需要由火电机组出力，因此母线 A、B、C 的节点边际电价均为 350 元/兆瓦时。14 时刻，火电机组达到最小出力限值，光伏电站发生弃电，在该时刻，线路 AB 未发生阻塞，因此系统增加的 1 兆瓦负荷全部由光伏电站出力，因此母线 A、B、C 的节点边际电价均为 0 元/兆瓦时。在 11—13 时刻及 15 时刻，由于线路 AB 发生阻塞，因此达到该线路潮流上限，光伏电站发生弃电。在母线 A 上增加 1 兆瓦负荷需要由光伏电站出力，母线 A 的节点边际电价为 0 元/兆瓦时；在母线 B 上增加 1 兆瓦负荷需要由火电机组出力，母线 B 的节点边际电价为 350 元/兆瓦时；在母线 C 上增加 1 兆瓦负荷由光伏电站和火电机组各出力 0.5 兆瓦，母线 C 的节点边际电价为 175 元/兆瓦时。若基于发电电量和发电所在节点边际电价计算每台发电机组的收入，则总发电收入应为 396.90 万元，若基于负荷用电量和系统负荷侧加权平均电价计算负荷购电成本，则总负荷购电成本为 417.90 万元。阻塞盈余为 21.00 万元，系统总发电成本为 398.90 万元。

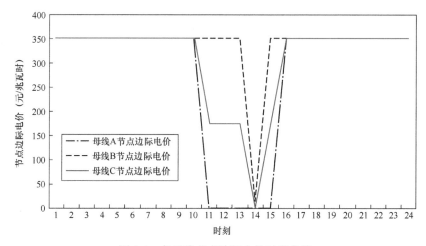

图 4-4　各母线节点边际电价时序曲线

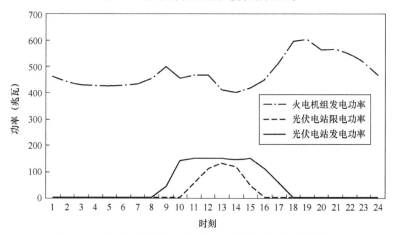

图 4-5　火电机组出力、光伏发电出力及弃电时序曲线

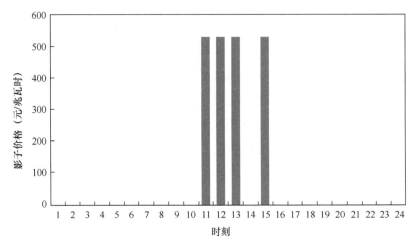

图 4-6　AB 线路影子价格时序曲线

2）有储能情况下的市场出清

图 4-7 为有储能三母线系统接线图，在母线 A 上增加一个储能规模为 150 兆瓦/600 兆瓦时的储能电站，充放电循环效率为 85%，其他系统原件的状态不变。

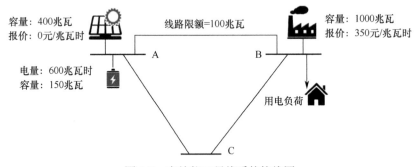

图 4-7　有储能三母线系统接线图

在有储能情况下进行当日优化出清，出清结果的各母线节点边际电价时序曲线如图 4-8 所示，火电机组出力、光伏发电出力及弃电时序曲线如图 4-9 所示，AB 线路影子价格时序曲线如图 4-10 所示。在影子价格不为 0 元/兆瓦时的时刻，线路 AB 发生阻塞。其中，在 1—14 时刻及 16—24 时刻，光伏发电出力全部被消纳，系统增加 1 兆瓦负荷需要由火电机组出力，因此母线 A、B、C 的节点边际电价均为 350 元/兆瓦时。在 15 时刻,光伏发电量未被全部消纳,且线路 AB 发生阻塞,在母线 A 上增加 1 兆瓦负荷可以由光伏电站出力,母线 A 的节点边际电价为 0 元/兆瓦时;在母线 B 上增加 1 兆瓦负荷需要由火电机组出力,母线 B 的节点边际电价为 350 元/兆瓦时;在母线 C 上增加 1 兆瓦负荷由光伏电站和火电机组各出力 0.5 兆瓦,母线 C 的节点边际电价为 175 元/兆瓦时。总发电收入为 434.92 万元,总负荷购电成本为 436.94 万元,阻塞盈余为 2.02 万元,系统总发电成本为 387.7 万元。

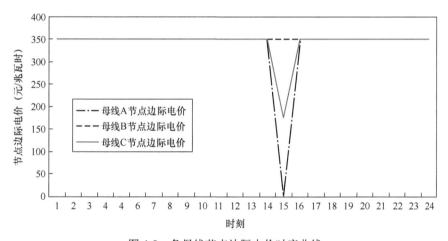

图 4-8　各母线节点边际电价时序曲线

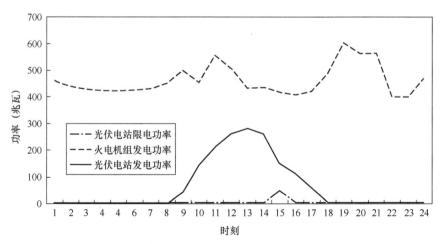

图 4-9　火电机组出力、光伏发电出力及弃电时序曲线

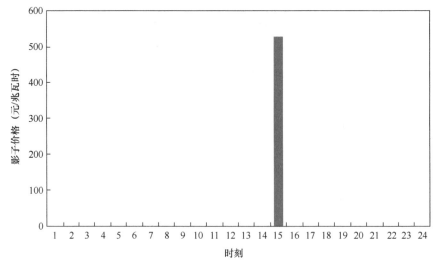

图 4-10　AB 线路影子价格时序曲线

2．储能对电网侧的影响

储能可以在一定程度上缓解输电阻塞，在阻塞时刻，储能设备以低价电量充电，并在无阻塞时刻代替高价发电机组发电。图 4-11 显示了有储能和无储能时线路 AB 的阻塞情况及储能充放电时序曲线。在 12—14 时刻，储能设备充电，缓解了线路 AB 的阻塞。增加储能后，系统阻塞盈余从 21.00 万元降低到 2.02 万元，降低了 18.98 万元。

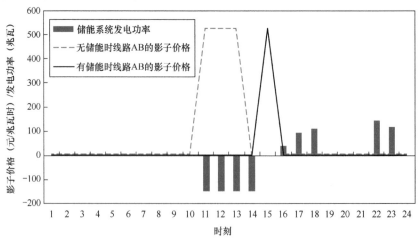

图 4-11　有储能和无储能时线路 AB 的阻塞情况及储能充放电时序曲线

在集中式电力市场中，输电阻塞会限制节点之间的电能交换，为了保证电网的安全可靠运行，电力调度机构需要调整发电机组出力和售电电价以消除输电阻塞。通常要依次增加受电端发电机组出力，同时减少送电端发电机组出力，直到阻塞支路的负荷不再超限。然而，由于电能输入区的节点边际电价通常高于电能送出区，因此用户购电费用高于电厂售电收入，从而产生阻塞盈余。在分散式电力市场中，发生输电阻塞时，电力调度机构需要调整原有的发电计划，以保持系统供需的实时平衡，同时不得不调用阻塞区内的高价机组，或者支付费用限制发电出力，由此产生了阻塞费用，增加了电力系统的整体运行成本，降低了社会整体福利。此外，由于阻塞费用由电网公司承担，所以如果输电阻塞较为严重，那么会大幅增加电网公司的支出。例如，英国风电机组出力增加会加剧网络拥堵程度，英国电网公司的平衡成本屡创新高。输电阻塞会导致部分交易合同无法完全履行或交割，产生交易量的削减和电价的调整，影响电网企业的售电收入，并在一定程度上降低了市场的流动性，制约了电力市场的建设。

3. 储能对发电侧的影响

储能会影响新能源发电机组出力、常规发电机组出力、新能源弃电量、系统总发电成本和发电机组总发电收入等发电侧效益。当有储能时，储能会选择在电价低或新能源弃电时充电，在电价高时放电，这样可以在一定程度上降低新能源弃电量，降低系统总发电成本。同时，因为储能充放电存在损耗，增加了系统的负荷需求，所以发电机组总发电量和总发电收入增加。

在三母线算例中，增加储能后，新能源弃电量从 460 兆瓦时降低至 46 兆瓦时，降低了 414 兆瓦时；系统总发电成本从 398.9 万元降低至 387.7 万元，降低了 11.2 万元；发电机组总发电量从 12484.0 兆瓦时增加到 12576.2 兆瓦时，增加了 92.2 兆瓦时；发电机组总发电收入从 396.90 万元增加到 434.92 万元，增加了 38.02 万元。有储能系统和无储能系统的总发电成本、总发电量、总发电收入等数据对比如表 4-1 所示。新能源机组弃电及储能充放电时序曲线如图 4-12 所示，火电机组出力功率及储能充放电时序曲线如图 4-13 所示。

表 4-1　有储能系统和无储能系统的总发电成本、总发电量、总发电收入等数据对比

场景	新能源弃电量（兆瓦时）	总发电成本（万元）	总发电量（兆瓦时）	总发电收入（万元）
无储能	460	398.9	12484.0	396.90
有储能	46	387.7	12576.2	434.92

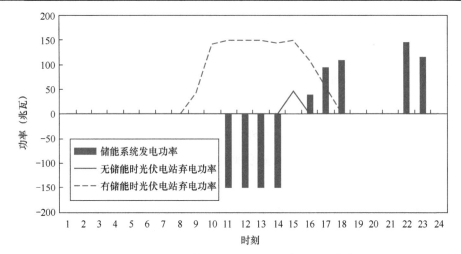

图 4-12　新能源机组弃电及储能充放电时序曲线

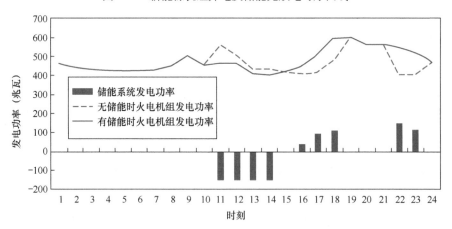

图 4-13　火电机组出力功率及储能充放电时序曲线

储能会对发电企业的量价产生影响。在电量方面，储能可以促进新能源机组的电量消纳，同时由于储能存在损耗，所以会增加系统中发电机组的总发电量。在成本方面，储能在低价时充电、高价时放电，使低成本或低报价的电源多发电，高成本或高报价的电源少发电，从而降低了系统的总发电成本。在电

价方面，储能充电时可看作负荷，负荷需求量增加，会提高电价；储能放电时可看作报价为 0 元/兆瓦时的发电机组，相应的其他高价发电机组出力减少，会降低电价，同时日内价差也将降低。

4. 储能对用户侧的影响

储能将对用户电价和用户购电费用产生影响。当有储能时，储能充电时可看作负荷，系统的负荷需求量增加，用户购电电价可能会提高；储能放电时，低成本的发电出力增加，用户购电电价可能会下降。但从全日来看，由于储能的充放电损耗增加了系统总负荷需求量，所以虽然电价价差减小，但用户的平均购电电价会增加，用户购电费用也会随之增加。

负荷加权平均节点边际电价及储能充放电时序曲线如图 4-14 所示。在三母线算例中，增加储能后，负荷加权平均节点边际电价从 334.75 元/兆瓦时增加至 350.00 元/兆瓦时，增加了 15.25 元/兆瓦时；用户购电费用从 417.9 万元增加至 436.94 万元，全日总计增加了 19.04 万元。

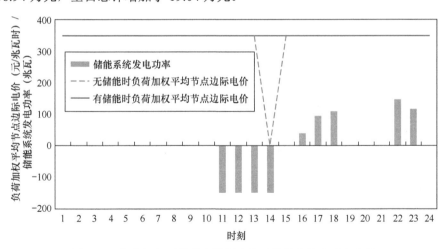

图 4-14　负荷加权平均节点边际电价及储能充放电时序曲线

5. 储能本身效益的影响

独立储能电站在电力市场中的收入主要来自基于价差套利，即储能在充电时，按照所在母线的节点边际电价支付充电费用；储能在放电时，按照所在母线的节点边际电价获得放电收入。在三母线算例中，储能的充电支出为 21.00 万元，储能的放电收入为 17.77 万元。因此在该日内，储能的单日充放电净收入为-3.23 万元。在价差较大的系统中，储能够获得较高的效益，但在本算例中，由于价差较小，所以储能的净收入为负值。储能的充放电功率及其节点边际电价如图 4-15 所示。

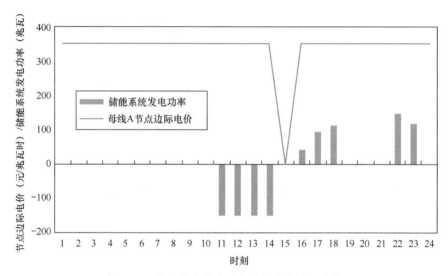

图 4-15　储能的充放电功率及其节点边际电价

4.1.3　模型开发及储能经济性评估方法

1. 电力市场长周期仿真技术原理

电力市场仿真技术基于经济学、电力系统及电力市场等基础理论，实现对电力市场出清、电力系统运行及市场参与各方行为的模拟仿真，其目的是验证电力市场的设计方案和运营规则，预测各发电机组的启停、发电量及燃料耗量，计算最优运行方式下各电厂的发电量、系统的生产成本及系统的可靠性指标。该技术用于电源、电网规划及可靠性评估，为电力市场建设的科学决策提供理论指导和技术支持。

电力市场是一个典型的复杂系统。一方面，作为电力市场载体的电力系统是公认的复杂网络系统；另一方面，市场参与者的决策过程属于人类的社会经济活动，具有高度的智能性和复杂性，表现出明显的非线性、动态性和适应性特征。电力市场的仿真过程是物理系统精确解与社会活动知识解的综合求解过程，常规解析性方法难以有效实现仿真目标。因此，必须采用复杂系统建模与仿真方法，才能实现对电力市场运营活动的客观模拟。

基于生产成本构建的市场仿真系统（生产成本仿真系统）被广泛应用于评价输电方案的经济效益。生产成本仿真系统从物理上和经济上模拟电力市场的运行过程与出清过程，通常以小时为时间颗粒度，在输电约束和运行约束的限制下最小化系统的发电成本以满足电力负荷需求。长周期仿真是指仿真时间跨度较长的仿真，可以为月、季度或年，如果仿真周期为 1 个完整的自然年，那么也称 8760 小时仿真；短周期仿真通常指仿真周期为 1 个典型日的仿真。与短周期仿真显著不同的是，长周期仿真覆盖的周期跨度较长（如 1 年），这样的仿真能够涉及所有可能的市场运行的日内特性和季节特性。长周期仿真的统计结果，如年度发电小时数或年度发电收入，能够相对客观地反映发电资产的长期运营指标。例如，通过统计输电系统年度总输送电量，能够计算输电设备在电量层面的利用率，反映输电网在重载或轻载等状态下的利用水平。

长周期仿真的主要输入数据包括发电侧数据、电网侧数据、负荷侧数据及市场数据，输出结果信息则包括各类发电电源的利用水平、成本、收入状况、输电网阻塞情况、负荷购电成本等物理指标和经济性指标。电力市场仿真原理如图 4-16 所示。

电力市场长周期仿真的核心算法考虑安全约束的日前机组组合优化和经济调度优化，仿真模拟电力市场实际的出清过程和运行过程。在仿真周期内，每个运行日的日前阶段，根据日前负荷预测、新能源预测等信息考虑安全约束的日前机组组合优化。在每个运行日内，根据超短期负荷预测、超短期新能源预测等信息，以及以日前安全约束机组组合确定的日内机组启停计划为基础，以最小化系统中发电成本为目标，考虑安全约束的经济调度优化，满足负荷平衡约束、机组运行约束和电网安全约束。在出清优化后，计算节点边际电价、负荷加权平均节点边际电价及电网潮流。在整个仿真周期结束后，进行各类统计指标的计算。电力市场仿真的基本流程如图 4-17 所示。

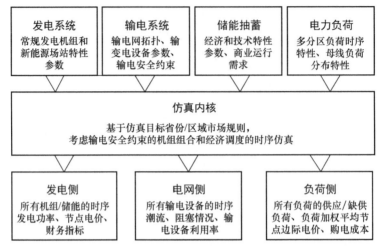

图 4-16　电力市场仿真原理

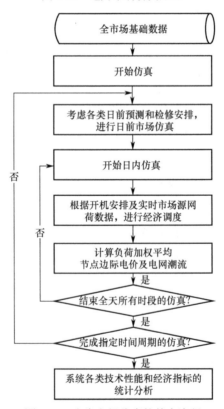

图 4-17　电力市场仿真的基本流程

2. 储能经济性评估方法

电力市场仿真的核心模型为考虑安全约束的机组组合（Security Constrained Unit Commitment，SCUC）模型和考虑安全约束的经济调度（Security Constrained Economic Dispatch，SCED）模型。在这些模型中，需要重点考虑源、网、荷、储各个环节的经济、技术等特性，进行全环节特性建模。各类资源的耦合特性主要反映在成本与调度、发电与负荷的双重耦合关系上。首先，在成本与调度的耦合关系方面，基于各类发电电源的变动成本建模，遵循经济性最优的原则，在机组组合模型和经济调度模型中构建发电电源成本与发电安排顺序相平衡的模型；其次，在发电与负荷的耦合关系方面，遵循电力电量平衡的原则，构建各类发电电源与负荷的平衡模型；最后，在储能系统和局部调峰关系方面，根据储能的运行特性，优化储能的充放电时序，实现系统总发电成本的最优。

随着新能源发电占比的提高，新型电力系统正面临着运行稳定性和经济性的重大挑战。在中长期时间尺度上，功率和能量平衡决定了系统的运行效率、安全性和经济性，需要考虑负荷日内和季节性的电力峰谷变化，合理计划和调度各类机组的启停与出力，以获得最佳的资源配置效益。然而，风电、光伏发电等具有强随机性和波动性的新能源发电占比日益增长，使得电网的可调性和灵活性下降，导致新能源和负荷之间功率与能量平衡的难度上升、经济性劣化。风电、光伏发电等一次能源的出力随机且不可控，并因季节和日夜变化而波动极大，还受到特殊气象因素（如日全食、飓风等）的影响，可造成出力在短时间内的急剧变化。由于新能源和负荷之间具有非匹配性和双侧随机性，以及灵活性资源占比越来越低，所以通过传统调度来实现电网可靠高效运行的难度急剧增加，需要通过提高灵活性资源占比来缓解平衡问题。

储能作为灵活性资源在电网功率调节方面有着显著的技术优势，具体表现为：①响应速度快，调节延迟小，可在毫秒级或秒级时间范围内实现满功率输出；②系统控制精度高，能够在额定功率范围内的任何功率点保持稳定输出；③可实现双向调节，提供其额定功率双倍的调节容量，其充电过程从电网汲取电能,可看作负荷,其放电过程向电网释放电能,可看作发电电源。

从现有的储能技术来看,电力系统中的狭义储能按能量储存方式主要分为机械储能、电化学储能和电磁储能。不同储能技术的特征差异较大,单一的储能技术难以同时具备快速充放电、大容量存储、持续充放电、高可靠性、低成本等条件。不同的储能技术在电力系统中的应用也有所不同:①响应速度快、功率密度高的功率型储能技术(如电磁储能、部分电化学储能)适用于系统短时间尺度的调节,如提供虚拟惯量、快速调频、抑制电网低频振荡、改善短期电压稳定性等;②容量大、放电持续时间长的能量型储能技术(如抽水蓄能、压缩空气储能)适用于系统中长时间尺度的调节,如参与电能量市场、系统调峰、削峰填谷、系统备用等。

为了满足新型电力系统对大规模、多时间尺度功率—能量平衡的全面需求,应综合运用多种储能技术,以有效实现新型电力系统中功率—能量的多时间尺度平衡,从而获得最佳的技术经济效益。针对新型电力系统和电力市场仿真的技术需求,重点关注的技术特征和参数包括:①功率和电量。储能设备的额定输入/输出功率和额定电量范围,代表储能的应用规模。②响应时间。储能设备从响应充放电指令开始到充放电功率首次达到额定功率的时间。③全容量放电持续时间。储能设备在充满电的情况下,以额定功率放电的持续时间。④能量循环效率。储能设备的输出能量与前一次充电过程中输入能量的比值,即放电量与充电量之比。

4.1.4　仿真数据模型构建

仿真数据模型构建是进行长周期仿真的关键环节。市场仿真通常应用于对未来电力市场环境下发电资产的运营预期估算,需要结合现状电网的数据模型及未来发展的规划文件,在现状仿真系统数据模型的基础上,增加增量的源网荷数据,进行研究年份的基础系统仿真。长周期仿真数据模型主要包括目标省份或区域的发电侧、电网侧和负荷侧的物理与经济相关数据。

1. 发电侧数据模型

发电侧数据模型主要包括市场化机组模型与非市场化机组模型。

1）市场化机组模型

市场化机组主要包括燃煤机组、燃气机组等，根据不同的市场情况，核电、水电也可能成为市场化机组。这些机组的共同特点是需要一次能源的能量转换来驱动发电机组发电，并且具有较好的受控能力。火电机组与水电机组的特征差异为：火电机组对一次能源的供给通常较为充足、相对独立且具有较好的可持续性；而水电机组对一次能源的供给通常受来水情况和水流系统的限制较多。市场化机组的特性可分为物理特性和经济特性。以下典型的物理特性主要描述了机组的运行方式和出力能力。

（1）最大出力：指机组最大的有功发电能力，单位为万千瓦。

（2）最小出力：指机组在稳燃情况下的最低出力水平，单位为万千瓦。

（3）爬坡率：指机组在单位时间内增大出力的能力，即提高出力调整速率，单位为万千瓦/小时或万千瓦/分钟。

（4）滑坡率：指机组在单位时间内降低出力的能力，即降低出力调整速率，单位为万千瓦/小时或万千瓦/分钟。

（5）最短运行时间：指机组从启动时刻起，为保证机组的经济运行，需要连续运行的最少小时数，单位为小时。

（6）最短停机时间：指机组从停机时刻起，为保证机组的安全运行，距离下次开机时刻必须连续停运的最少小时数，单位为小时。

（7）机组厂用电率：指机组在单位时间内厂用电量占机组总发电量的比重，单位为%。

这些物理特性会随着时间变化，例如，以一年为周期，在供热期和非供热期，由于供热的影响，煤电机组的最小出力会有一定差异。当煤电机组进行灵活性改造后，其最小技术出力也会发生变化。此外，火电厂加装储能后，其功率调节速率，即爬坡率和滑坡率会进一步提升。因此，在构建仿真数据模型时，需要考虑仿真周期内发电机组参数随时间的变化情况。

对于市场仿真来讲，市场化机组的重要参数是报价，优化程序需要根据每台市场化机组的报价进行优化出清。然而，现实问题在于，任何市场主体都无法准确获取其他所有市场主体的报价信息，更不可能准确预测未来时间阶段内市场主体的报价行为。因此，在进行未来市场仿真时，可以假设市场趋于成熟，发电主体多数会按照边际变动成本进行报价。因此，可以未来时间阶段内的边际变动成本为依据，构造机组的成本数据。

经济特性主要描述了机组的综合变动成本，主要包括发电燃料成本、启动成本、运维成本和排放成本：

$$C_{all} = C_{fuel} + C_{0\&m} + C_{start\text{-}up} + C_{ems} \tag{4-1}$$

其中，C_{all} 为机组的综合变动成本，C_{fuel} 为机组的发电燃料成本，$C_{0\&m}$ 为机组的运维成本，$C_{start\text{-}up}$ 为机组的启动成本，C_{ems} 为机组的排放成本，单位均为元/千瓦时。

发电燃料成本：发电燃料成本是生产电力和热力产品消耗的各种煤炭、天然气、石油等一次能源的成本。发电燃料成本一方面与机组的煤耗和气耗、发电水平和发电量相关，另一方面与一次能源的价格相关。因此，发电燃料成本也可采用以下公式计算：

$$C_{fuel} = HR \times p_{fuel} \tag{4-2}$$

其中，HR 为机组的度电热耗，如煤电机组的煤耗或燃气机组的气耗，单位为焦/千瓦时或克标煤/千瓦时，p_{fuel} 为燃料价格，单位为元/焦，或折算为元/吨标煤。

不同类型机组的典型度电热耗如表 4-2 所示。

表 4-2　不同类型机组的典型度电热耗

单位：克标煤/千瓦时

原动机类型	煤	油	天然气	核
蒸汽轮机	312	318	320	322
燃气轮机	—	414	355	—
联合循环	220	323	235	—

启动成本：机组的温度和压力是一个缓慢提升的过程，因此，机组需要积蓄一定的能量才能稳定发电。这个过程产生的成本为机组的启动成本。根据机组从停机到下次启动的时间，启动成本会有较大差异。例如，当锅炉温度较低时，机组的启动成本较高；而当距离停机时间较短时，锅炉温度依然较高，机组的启动成本较低。启动成本可以表示为：

$$C_{\text{start-up}} = C_{\text{c}} \times \left(1 - \varepsilon^{-\frac{1}{x}} \right) \times F \times C_{\text{f}} \tag{4-3}$$

其中，C_{c} 为启动时燃料的消耗量，单位为吨标煤；F 为单位燃料成本，单位为元/吨标煤；C_{f} 为启动时发生的固定成本，单位为元，包括人员费用、维修费用等；x 为机组温度时间常数；t 为从上次停机到再次起机的时间，单位为小时。

在简化模型中，可以根据定义的冷态启动、温态启动和热态启动的时间，分别给出冷态启动、温态启动和热态启动的不同成本。最简化的启动成本为单一固定启动成本，即机组在任何状态下启动都采用同样的成本。

运维成本：运维成本是指除发电燃料成本外，随着发电生产的变动而呈线性变动的成本。发电企业的人工成本和材料成本都是变动成本。因此，运维成本定义为每千瓦时发电量产生的成本，即元/千瓦时，与机组的发电量成正比。

排放成本：在碳市场建成后，火电企业也会面临支付碳排放成本的情况。在仿真中，可将碳排放成本纳入发电机组的变动成本中。火电机组在发电过程中会释放一定量的排放物，典型的如二氧化碳、硫化物和氮化物。需要构建发电量与排放物的关系模型，某类发电机组对应的某类排放物的模型如下：

$$C_{\text{ems}} = e_{\text{ems}} \times R_{\text{emstype}} \tag{4-4}$$

其中，C_{ems} 为某类排放物的变动成本，即机组的排放成本，单位为元/千瓦时；e_{ems} 为排放价格，如碳排放价格，单位为元/吨或元/克；R_{emstype} 为某类排放物的度电排放量，单位为克/千瓦时。

2）非市场化机组模型

目前，国内一些省份的优先发电机组（如风电机组、光伏发电机组、核电机组等）或特殊类型机组（如抽水蓄能机组、自备机组等）一般为非市场化机组，或不进入优化求解的机组，一般也可称为市场优化出清的边界条件，这类机组目前主要包括新能源（风电、光伏）电站、水电机组、核电机组及外系统送电机组。在进行仿真时，这类机组的数据需求主要基于各机组的发电出力曲线构建。

下面以光伏发电为例来说明构造发电出力曲线的基本思路：假设某一地区的日照强度与日照小时数变化特点大致相同，以当地光伏电站的发电出力特性为基础，构造该地区发电出力曲线。发电出力曲线模拟模型步骤如下。

（1）确定当地光伏电站的日照强度与日照小时数，假设该光伏电站的当前额定装机容量为 m 万千瓦，构造该地区典型日光伏发电出力曲线 $S_i(i=1,2,\cdots,24)$。

（2）根据该地区四季光照强度和光照时间的变化特点，如夏季光照时间长、冬季光照时间短，构造月光伏发电最大发电出力曲线 $S_j(j=1,2,\cdots,12)$。

（3）基于典型日光伏发电特性曲线和月光伏发电最大出力曲线，构造光伏电站在历史某年的发电出力曲线，即电站 8760 小时光伏发电出力曲线。

（4）假设规划目标年的光伏电站装机容量预测值为 n 万千瓦，在该地区的光照特点到规划目标年无明显变化的情况下，可按照电站规划目标年的发电装机容量与该电站当前的发电装机容量的比例，对历史年的 8760 小时光伏发电出力曲线做出调整，得到规划目标年光伏电站的 8760 小时光伏发电出力曲线，即

$$P_{t,\text{plan.solar}} = \frac{n}{m} \times P_{t,\text{hist.solar}} \ (t=1,2,\cdots,8760) \tag{4-5}$$

其中，$P_{t,\text{plan.solar}}$ 为规划目标年 t 时刻的光伏发电功率，单位为万千瓦；$P_{t,\text{hist.solar}}$ 为历史年 t 时刻的光伏发电功率，单位为万千瓦；m 为光伏电站的发电装机容量，单位为万千瓦；n 为规划目标年的光伏电站发电装机容量的预测值，单位为万千瓦。

3）燃料数据

一次能源价格是影响发电机组发电成本的重要因素，其占发电总成本的比重可高达 80%。一次能源价格在不同地区及不同时段可能存在相当大的差异，

这会导致各地区在不同时段的发电成本出现差异，进而导致发电量的重新分配，同时，发电出力模式的重新分配会造成输电线路潮流规模及流向的变化。燃料模型旨在针对各地或各厂的一次能源价格进行建模，燃料模型包含四类属性：①燃料类型。由于发电机组类型包括燃煤机组、燃气机组、核电机组等，因此对应的燃料类型包括煤、天然气、石油、铀等。②所属地区或厂。每类燃料需要有其对应的地区或厂，即在同一个时间周期内，在不同的地区或厂，各类燃料会有不同的价格。③日期。燃料价格需要有时间属性，即在同一个地区、不同时段，其价格也可能不同。④价格。燃煤价格以"元/吨"为单位，燃气价格以"元/立方米"为单位。

2．电网侧数据模型

根据仿真的需求，电力市场仿真需要对输电网进行建模，其基本数据需求包括输电网拓扑结构和输电设备（线路和变压器支路）的参数。特别是在输电通道存在阻塞的情况下，只有对输电网进行准确建模，才能保证仿真结果的准确性。目前，国内出清模型主要考虑输电断面约束，输电断面约束是对一组输电线路或者一组变压器支路总潮流的限额约束。输电断面的限额信息通常由市场交易系统发布。

在考虑多省互联的仿真中，需要关注跨省跨区输电线路的输送能力，因为其直接影响省间或区域间电量交换的水平。当跨省跨区输电线路发生阻塞时，发电成本低廉地区的电量无法输送到发电成本较高的地区。因此，对跨省跨区输电线路的限额约束也需要在仿真中加以考虑。

3．负荷侧数据模型

负荷预测是分析未来电力系统的一个重要环节，除最大负荷预测和总用电量预测外，负荷功率曲线预测也是负荷预测的重要组成部分。作为电力系统规划的出发点，负荷功率曲线预测将对电力市场仿真的最终结果产生很大的影响。

在电力市场仿真中，需要构造规划年份的全年负荷曲线，时间粒度为小时。全年负荷曲线的构造方法是首先选取不同季节的典型日负荷曲线，如夏季

新型电力系统下储能产业发展与优化配置研究

日负荷曲线和冬季日负荷曲线；其次根据年、月的负荷峰值，构造全年 365 日（以平年为例）每日的峰值；最后将其扩展到 8760 小时。这种负荷曲线能够涵盖负荷的重要特征，包括年、月、日等时间周期的峰谷特性。在电力市场仿真过程中，还需要进行电量预测。例如，在采用夏季日负荷曲线作为典型日负荷曲线进行仿真时，由于夏季负荷较高，因此利用曲线推算的电量会大大超过预测水平年的电量。为保持全年总电量的一致性，必须对提供的典型日负荷曲线进行修正。

本书提出一套基于年度电量、年度峰值负荷、月度峰值负荷及典型日负荷曲线构造全年小时时序负荷曲线的方法。负荷模型数据需求包括：①历史年夏季典型日负荷曲线；②历史年冬季典型日负荷曲线；③月峰值负荷数据；④未来规划目标年峰值负荷预测值；⑤未来规划目标年总电量预测值。

负荷模型的构造步骤如下。

（1）得到某地区的历史年月度峰值负荷数据 $M_j(j=1,2,\cdots,12)$、某地区的典型日（冬季和夏季）24 小时负荷数据 W_n 和 $S_n(n=1,2,\cdots,24)$。

（2）基于已知历史年月度峰值负荷数据 M_j，采用插值法得到全年每日峰值负荷数据 $D_i(i=1,2,\cdots,365)$。

插值法的等差值可表示为

$$\Delta d = \frac{M_{j+1}-M_j}{n} \tag{4-6}$$

假设第一个月第一天的峰值负荷 $D_1=M_1$，则

$$D_2=M_1+\frac{M_2-M_1}{n}$$

$$\cdots \tag{4-7}$$

$$D_i=M_1+\frac{M_2-M_1}{n}\times(i-1) \tag{4-8}$$

第二个月第一天的峰值负荷 $D_{32}=M_2$，则

$$D_{33}=M_2+\frac{M_3-M_2}{n} \tag{4-9}$$

$$\cdots$$

$$D_i=M_2+\frac{M_3-M_2}{n}\times(i-1) \tag{4-10}$$

按照此流程，可得到全年每日峰值负荷数据 $D_i(i=1,2,\cdots,365)$。

（3）基于得到的全年每日峰值负荷数据 D_i，采用随机数的方式对其增加噪声，得到接近实际的 365 日负荷曲线，即历史年 8760 小时负荷数据。增加噪声的函数为

$$\text{noise} = m \times \text{randn}(\text{size}(x)) \tag{4-11}$$

其中，m 为噪声倍数。

（4）假设夏季（当年 5—9 月）和冬季（上年 10 月—当年 4 月）的日 24 小时负荷数据为 S_n 与 W_n，提取日 24 小时内的峰值负荷为 H_i。

（5）根据 $W_n' = W_n \times (D_i'/H_i)$ 和 $S_n' = S_n \times (D_i'/H_i)$，求解新的冬季和夏季日 24 小时负荷数据，从而得到 365 日的 24 小时负荷数据，即可得到历史年的 8760 小时负荷数据，将其设为 $H_k(k=1,2,\cdots,8760)$：

$$H_k = \begin{cases} W_n' = W_n \times \dfrac{D_i'}{H_n} & \text{（上年 10 月—当年 4 月）} \\[2mm] S_n' = S_n \times \dfrac{D_i'}{H_i} & \text{（当年 5—9 月）} \end{cases} \tag{4-12}$$

（6）将历史年峰值负荷设为 $D_{\max}$，规划目标年的峰值负荷预测值设为 $D_{\max}'$，则按比例调整可得到新的 8760 小时负荷数据 H_k'：

$$H_k' = H_k \times \frac{D_{\max}'}{D_{\max}}(k=1,2,\cdots,8760) \tag{4-13}$$

（7）已知历史年的总用电量 C、规划目标年的用电需求预测值 C'。

保持规划目标年的峰值负荷不变，按照偏差度调整 8760 小时负荷曲线，使其年持续负荷曲线的总用电需求满足规划目标年用电需求预测值的要求。

偏差度公式为

$$\Delta f_k = \frac{D_{\max}' - H_k'}{D_{\max}'} \tag{4-14}$$

规划目标年的 8760 小时负荷数据为 H_k''：

$$H_k'' = H_k' + \frac{\Delta f_k \times (C' - C)}{\text{sum}(\Delta f_k)}(k=1,2,\cdots,8760) \tag{4-15}$$

使其满足规划目标年总用电需求的预测值：

$$\int_1^{8760} H_k'' \mathrm{d}x = C'(k=1,2,\cdots,8760) \tag{4-16}$$

4. 储能数据模型

储能电站在电力系统中可被视为一种在不同时间尺度下进行功率响应的可调度电源，它可以根据电力系统需求进行灵活充放电和与电力系统进行电能互交。以下为储能的典型物理特性，主要描述其运行方式和出力能力。

（1）最大电量：指储能能够储存的最大电量，单位为万千瓦时。

（2）最小电量：指储能能够储存的最小电量，单位为万千瓦时。

（3）最小充电功率：指储能在单位时间内充电的最小功率，单位为万千瓦。

（4）最大充电功率：指储能在单位时间内充电的最大功率，单位为万千瓦。

（5）最小放电功率：指储能在单位时间内放电的最小功率，单位为万千瓦。

（6）最大放电功率：指储能在单位时间内放电的最大功率，单位为万千瓦。

（7）放电效率：指储能释放的电量与输出至电网的电量的比值，反映了放电过程中的电能损耗。

（8）充电效率：指储能从电网输入的电量与充电储存的电量的比值，反映了充电过程中的电能损耗。

（9）初始电量：指储能在仿真初始时刻储存的电量，单位为万千瓦时。

不同储能技术路线的储能电站的电特性存在一定的差异。例如，锂离子电池的充放电循环效率为 85%～90%，而压缩空气储能的充放电循环效率较低，为 60%～70%；此外，锂离子电池充放电量范围较宽，荷电状态范围一般为 10%～100%，而铅酸（炭）电池充放电量范围较窄，一般为 30%～90%。上述参数的设计目的是：通过设计一套统一的参数模型，对不同类型的储能技术路线进行建模，并在仿真过程中反映不同电特性对电力系统和电力市场的影响。

4.2　储能规模需求与配置布局优化研究

本章选取蒙西地区作为"样板地区"，主要考虑因素包括：①蒙西地区是国家发展改革委指定的国内第一批电力现货市场试点地区之一，是国内目前唯一一个真正实现"单轨制"的电力市场，经历多次结算试运行和规则修订，目前市场正在不间断试运行，市场开展基础较好且具有较强的示范意义；②蒙西地区是高比例新能源地区，按照《蒙西新型电力系统建设行动方案（1.0 版）》，到 2030 年，蒙西新能源发电装机规模达 2 亿千瓦左右，其中基地化开发规模达 1.7 亿千瓦，新能源领域配置的储能将呈现快速增长之势；③蒙西地区是未来新能源发展的战略要地，各电力公司在蒙西地区有大量存量的煤电和新能源发电资产，并有大量正在筹建的大型新能源基地项目。

4.2.1　电力市场环境下的储能规划方法

结合储能规划的实践，以及对未来电力市场环境下储能建设发展的展望，构建电力市场环境下的储能经济性规划流程，主要步骤包括：电力市场长周期仿真系统研制、现状电力市场仿真数据构建、未来规划目标年基础电力市场仿真数据构建、未来规划目标年宏观目标构建、未来规划目标年基础电力市场仿真分析、储能规划方案构建、储能规划方案经济性指标评估及规划决策、储能规划方案敏感度分析。电力市场环境下储能规划的基本流程如图 4-18 所示。

1. 电力市场长周期仿真系统研制

电力市场长周期仿真系统是量化分析电力市场出清和运行的必要技术手段，是针对后续环节中的现状电网、未来规划电网及各种储能规划方案进行仿真分析的技术手段。采用电力市场长周期仿真能够量化计算各种经济指标和物

理指标，包括系统总发电成本、用户总购电成本、节点边际电价等。模型中的
约束条件包括发电和负荷平衡约束、常规发电机组的发电功率限额约束、爬坡
约束、输电网运行安全约束等。

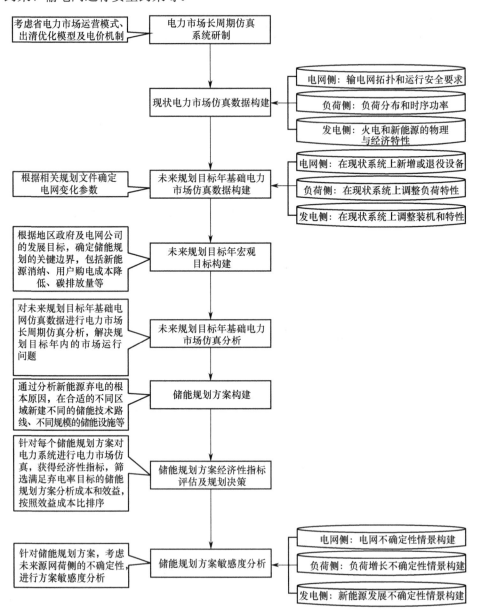

图 4-18　电力市场环境下储能规划的基本流程

电力市场仿真采用离线计算的方式模拟市场出清。因此，电力市场仿真的出清优化模型和价格计算模型需要与市场规则一致，以确保仿真计算结果与实际市场出清结果相似。本书采用国内常用的集中式市场、全电量优化出清及节点边际电价的计算模型。

2．现状电力市场仿真数据构建

进行地区现状电网的构建，包括电网侧、发电侧和负荷侧的仿真数据构建，其原则是构建的仿真数据应力争与电力市场技术支持系统的出清数据一致。然而，考虑到电力市场技术支持系统要进行每日出清，并采用准实时的电力系统数据和市场成员申报数据，因此，仿真数据需要采用客观数据和假设数据相结合的方式来构建。

针对电网的实际情况，在电网侧数据方面，需要设计输电网输电设备和变电设备的拓扑结构与参数，根据电力系统调度运行的安全要求，构建输电断面、输电设备热稳定性等运行安全类约束。在发电侧数据方面，需要针对不同类型电源进行建模：①火电机组，包括煤电机组、燃气机组、联合循环机组，这类机组需要搭建每台机组的物理运行约束和发电成本等经济特性；②新能源场站，包括风电站和光伏电站，这类机组需要根据风光资源特性，构建时序发电功率特性；③联络线模型，联络线模型通常等效为发电电源，需要针对从外系统来电及向外系统送电的功率计划，将联络线功率作为市场出清的边界条件。在负荷侧数据方面，需要构建以变电站为单位的用电分布及用电功率特性。

3．未来规划目标年基础电力市场仿真数据构建

需要确定未来规划目标年，基于地方相关规划政策文件，针对未来规划目标年的电力系统发展预期，构建未来规划目标年基础电力市场仿真数据。未来规划目标年的仿真数据应基于现状系统的仿真数据，以及未来规划目标年的负荷增长和电源规划等信息，调整电网侧、发电侧和负荷侧的相应仿真数据。

在电网侧数据方面，需要在现状系统的电网数据基础上，根据确定性的电网规划增加输电设备工程，如"点对网"发电工程、跨省跨区输电工程、解决安全性的输电新建和改造工程等，需要构建未来电网的运行安全约束。在负荷侧数据方面，开展未来规划目标年的电力电量需求预测，包括总量预测、分区预测和空间负荷预测，考虑需求侧响应、电价波动、分布式发电对系统负荷的影响。在发电侧数据方面，需要以未来电源规划为依据，在政府制定的电力发展规划的指导下，结合电源现状分析、电力分布及电力输送情况对未来规划目标年及远景年的电源进行规划。电源规划的具体内容包括但不限于：新增电源项目描述，包括对电源类型、容量、规模、投产时序、接入电压等级的描述；退役机组安排，包括退役电源类型、退役电源容量、退役进度等。

4. 未来规划目标年宏观目标构建

未来规划目标年宏观目标构建是为电网的储能规划提供边界或标准，以确保合理制定规划方案。以新能源弃电率为边界，应在确保达到系统总新能源弃电率目标的情况下，确定储能设施的规模，同时使得投资成本最低。根据地区政府及电网企业的发展目标，确定储能规划的关键边界，包括新能源消纳、用户购电成本降低等。

5. 未来规划目标年基础电力市场仿真分析

基于未来规划目标年基础电网仿真数据，进行未来规划目标年全年8760小时电力市场长周期仿真分析。应用仿真量化输电阻塞小时数、新能源弃电量、装机充裕度等指标，计算未来规划目标年基础仿真系统与宏观目标的差异，如仿真计算的新能源消纳水平与目标的新能源消纳水平的差异，剖析新能源弃电的根本原因，剖析未来电力系统存在的主要问题及问题产生的原因，提出电网发展瓶颈和薄弱环节。

6. 储能规划方案构建

根据基础电网的仿真结果及根本原因分析，提出储能规划方案。根本原因分析的主要依据包括仿真计算的节点边际电价、输电断面或设备的阻塞小时数和阻塞成本、常规发电机组最小出力限制等。构建储能规划方案时，应针对各类问题进行严重程度排序，优先针对严重程度高、对市场主体经济效益影响大的问题提出储能规划方案。充分考虑储能建设成本和市场效益，考虑新能源消纳等规划目标，基于边界条件和电网现状提出多个储能规划方案，包括新建不同的储能技术路线、不同规模的储能设施等方案。

7. 储能规划方案经济性指标评估及规划决策

针对每个储能规划方案，将方案中提出的储能元件加入未来规划目标年基础仿真数据中，对加入储能元件的电力系统进行全年 8760 小时的电力市场仿真，计算相应的经济性指标。获得每个时段的系统边际电价、每个时段供应的电力负荷电量等仿真时序结果数据。根据仿真时序结果数据进行经济效益指标的统计，例如，采用时序电价和时序供应负荷计算系统总购电成本，采用时序的每个新能源场站的弃电功率统计全系统总弃电量和弃电率。

计算每种储能规划方案的弃电率，将达到系统电率目标的储能规划方案作为候选方案。计算每种储能规划方案的投资成本和运行成本，在投资成本方面，需要估计未来规划目标年的设备预期成本，如需要对 2025 年储能设施的投资成本进行估计。根据采用的经济效益指标，计算每个储能规划方案的效益成本比，并按照效益成本比由高到低对候选方案进行排序，推荐效益成本比较高的储能规划方案。也可以综合考虑储能规划方案的功能效益、经济效益、社会效益及环境效益，科学评估储能规划方案的紧急程度，优化项目建设的时序，推荐最优的储能规划方案组合。在对储能规划方案进行排序后，还需要判断是否存在投资总量约束，最优储能规划方案的组合应小于投资总量限额，当超出投资总量限额后，应相应减少储能规划方案的数量。

8. 储能规划方案敏感度分析

在基础系统仿真分析的基础上，对不确定因素进行分析计算，以评估各类不确定因素对储能规划方案的影响程度，这通常也称为敏感度分析。需要注意的是，在实际新建项目的经济性评估中，需要根据目标市场的实际情况，选择合理和关键的不确定性分析要素，以实现在合理时间内完成对储能规划方案的经济性评估。

在发电侧方面，从长期来看，装机结构存在一定的不确定性。特别是考虑到"双碳"目标，新能源规划装机容量激增，但在实际落地方面，不同年份的实际新能源装机容量存在不确定性。对于新能源曲线，只能参考历史数据及新能源装机数据预测典型风电和光伏发电出力曲线，而风电和光伏发电出力因受到天气的影响，有较高的不确定性。对此，采取大风年、小风年情景分别进行分析。同时，随着新能源穿透率的提高，以及系统辅助服务需求和可靠性需求的增加，将有其他高可用率的电源进入电力系统，如燃气机组、储能设备、氢能发电机组等。在电网侧方面，需要关注跨省跨区输电线路的规划情况，包括其投产时间、线路容量、配套电源建设或改接情况，对于外来电的电力和电量占比较高的省份，需要估计外来电不确定性对经济效益的影响。在负荷侧方面，通常只进行年度峰值负荷和年度总用电量的预测，而负荷变化会受到宏观经济、产业结构乃至疫情的影响，有较高的不确定性。对此，通常对峰值负荷和总用电量配置高、中、低水平的情景，分别进行敏感度分析。

在优化规划环节，对可能发生的情景采用情景分析法。根据对未来不确定因素的分析，构造典型的、影响重大的不确定因素对应的情景，并相应地进行仿真分析，获得不确定因素对储能规划方案目标指标的影响。针对每个情景，提出该情景发生的概率，以提供对最终的规划决策的量化分析支撑。

4.2.2 蒙西地区新能源弃电情况分析

基于蒙西发电侧、电网侧和负荷侧的仿真基础数据，进行 2025 年全年 8760 小时电力现货市场长周期仿真。在新能源消纳方面，通过仿真计算出每个新能源电站每小时的上网功率和弃电功率，通过对全系统所有新能源电站的弃电情况进行整合，获得全系统每小时的总弃电功率。全年最大弃电功率为 2676.2 万千瓦，风光弃电总量为 376.5 亿千瓦时，弃电率为 22.60%（见图 4-19）。

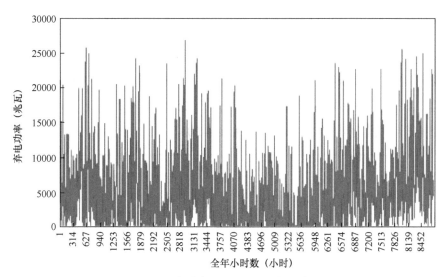

图 4-19　2025 年全年 8760 小时新能源弃电情况

在输电断面阻塞情况方面，通过仿真得到各输电断面全年每小时的输电潮流及阻塞情况。通过对各输电断面仿真结果进行统计，获得其平均输电潮流、阻塞小时数及电量利用率，输电断面阻塞情况如表 4-3 所示。

表 4-3　输电断面阻塞情况

输电断面名称	平均输电潮流（万千瓦）	阻塞小时数（小时）	电量利用率（%）
百灵断面	181.1	3300	70.74
包北主变断面	60.4	0	64.21
察右中主变断面	58.7	4250	78.31
丰泉主变断面	127.6	0	66.43
汗海主变断面	70.2	135	48.08
呼包断面	324.2	1779	70.47
呼丰断面	126.6	0	17.34
辉腾主变断面	44.2	2758	63.16
武川断面	37.2	1357	53.21
永圣域断面	28.2	16	58.84

百灵断面和察右中主变断面的阻塞较为严重，全年阻塞小时数分别为 3300 小时和 4250 小时，断面电量利用率分别为 70.74% 和 78.31%。

当主变断面扩容后，主流观点认为其不会由于断面潮流受限而影响新能源的消纳。因此，在实际测算中，全系统仅考虑呼包断面和呼丰断面两个主要输电线路断面的潮流限额，然后进行 2025 年全年 8760 小时电力现货市场长周期仿真。在新能源消纳方面，最大弃电功率为 2537 万千瓦，全年风光弃电量为 232.5 亿千瓦时，弃电率为 13.96%（见图 4-20）。

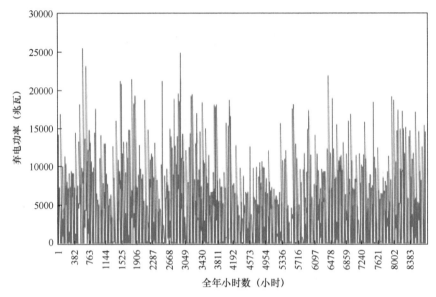

图 4-20　2025 年全年 8760 小时新能源弃电情况（断面扩容）

造成弃电的主要原因是输电阻塞和火电机组整体深调能力不足，也存在因火电机组爬坡能力不足而无法满足新能源爬坡需求的情况。针对电网阻塞原因，西部的新能源装机多于东部，在新能源高出力时刻，呼包断面的阻塞会影响西部新能源的消纳，在一定程度上造成风光弃电。在火电机组灵活性不足导致新能源弃电方面，考虑经济性和物理约束，由于火电机组存在启动成本、最短运行时间等限制因素，因此在部分时段，火电机组需要维持最小出力运行，当电力系统中新能源与火电机组最小出力大于负荷需求时，假设负荷是刚性不可调的，此时只能进行新能源弃电操作。

总之，新能源发电与资源特性情况相关，光伏发电集中于中午，早晚无发电能力，风电场站出力和光伏场站出力具有波动性与随机性，不具备良好的调节能力；同时，负荷需求具有相对固定的日内趋势。新能源发电特性、系统净负荷特性及输电网架结构特性均会影响新能源的消纳。

4.2.3　蒙西地区储能规模优化配置

1. 储能规模优化配置方法

在经济层面，新能源发电的变动成本极低，因此系统增加新能源的消纳量并减少火电机组的发电量，将能够降低系统总发电成本，实现经济性更优。集中调控的储能充放电优化目标是最小化系统总发电成本，同时尽可能多地利用新能源的电能，缓解新能源弃电情况。在省域或独立控制区层面进行储能合理配置，应考虑以下几个方面的决策因素。

（1）需要对储能的初始规模进行分析，即在进行储能最优配置分析前，需要根据系统的状况提出储能的初始规模。初始规模是系统在无储能情况下由基础状态的弃电状况、新能源消纳目标共同决定的，合理决策初始规模能够使分析人员更快速地找到最优配置。

（2）以锂离子电池储能系统为主要储能技术路线，采用当前的典型参数，即功率放电时长为 1～6 小时，效率为 85%，电量单位造价为 1500 元/千瓦时，功率单位造价为 300 元/千瓦。

（3）如果电网不发生输电阻塞，那么无论储能配置在电网中的任何位置，其使用效能都能够被全网利用。但当电网发生阻塞时，储能的效能就只能在局部发生作用。因此，需要考虑储能在电网不同位置的利用效果，以及断面阻塞对缓解分区新能源消纳的影响。由于呼包断面阻塞较为严重，所以本算例在配置储能时，以该断面为界将全网划分成两个区域，即蒙西西部分区和蒙西东部分区，进行储能在不同分区的规模配置分析。

（4）储能的满充电小时数会影响储能消纳新能源的效果，即在储能额定功率相同的情况下，不同的满充电小时数代表不同的储能存储电量。新能源的弃电回收是典型的电量型储能应用需求，需要通过仿真结果分析系统弃电的特征，进而确定所需的电量规模。理论上，储能储存的电量越少，单次或单日可回收的新能源弃电量就越少，但是储能储存的电量过多，则可能导致在部分时间段无弃电可回收，进而造成储能系统的资源冗余和浪费。因此，需要合理配置储能储存的电量，以达到经济性和资源利用率的最佳平衡。

2．储能规模优化配置

1）储能初始规模配置

进行储能初始规模配置，需要分析新能源消纳受限的情况，根据 2025 年电力市场基础情景仿真结果，对系统每次连续弃电情况进行统计，即当系统从 T 时刻发生弃电到 $T+x$ 时刻无弃电时，计算 T 时刻到 $T+x-1$ 时刻的系统弃电量总和，并对全年所有连续弃电量进行加和。新能源单位连续弃电量曲线如图 4-21 所示。

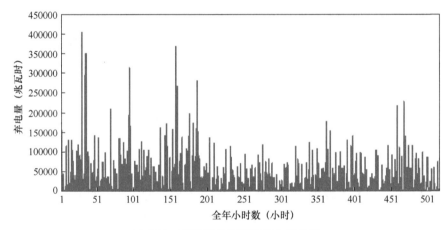

图 4-21　新能源单位连续弃电量曲线

根据弃电情况，制定储能规划方案。在储能配置方面，以系统弃电率达到 5%所需降低的弃电量作为配置储能电量的目标，即假设储能系统能够在一定程度上回收无储能情况下的系统新能源弃电，且储能系统发出的总电量能够达到需要降低的目标弃电率。得到储能初始电量规模为 4000 万千瓦时，假设初始储能配置小时数为 5 小时，则储能初始功率为 8000 万千瓦。假设东西部配置相同规模的储能，并将该储能配置加入基础系统，那么经统计，全年新能源弃电量为 98.2 亿千瓦时，系统弃电率为 5.90%。

在储能的初始配置下，系统弃电率接近 5% 的目标。但是，还需要增加储能规模以实现系统弃电率低于 5%。以配置 4000 万千瓦时储能电量为基础，以 100 万千瓦时为步长，逐步增加储能电量，直到储能电量达到 5000 万千瓦时，构建了 11 个不同的方案（命名为方案 1～方案 11）。针对每个方案，进行全年的市场仿真，初步储能规划在无储能及配置不同储能电量情况下的仿真结果如表 4-4 所示，系统弃电率的变化如图 4-22 所示。随着储能规模的扩大，系统总弃电量和弃电率均呈下降趋势，在配置的储能电量达到 4700 万千瓦时时，实现了系统弃电率低于 5% 的目标。

表 4-4　初步储能规划在无储能及配置不同储能电量情况下的仿真结果

方案	总弃电量 （亿千瓦时）	系统弃电率	储能电量 （万千瓦时）	储能功率 （万千瓦）	储能造价 （亿元）	成本指标 （万元/兆瓦时）
无储能方案	232.5	13.96%	0	0	0	0
方案 1	98.2	5.90%	4000	800	624	0.46
方案 2	95.2	5.71%	4100	820	639	0.47
方案 3	92.0	5.52%	4200	840	655	0.47
方案 4	88.7	5.33%	4300	860	670	0.47
方案 5	86.4	5.19%	4400	880	686	0.47
方案 6	**84.7**	**5.08%**	**4500**	**900**	**702**	**0.47**
方案 7	84.2	5.06%	4600	920	717	0.48
方案 8	79.8	4.79%	4700	940	733	0.48
方案 9	79.9	4.79%	4800	960	748	0.49
方案 10	78.9	4.74%	4900	980	764	0.50
方案 11	73.1	4.39%	5000	1000	780	0.49

2）东西部储能电量配比分析

基于蒙西电网的电源结构、负荷分布及网架结构，输电潮流主要为由西向东，且呼包断面阻塞，应在东西部进一步优化储能布局。在总储能规模配置不变的情况下，进一步降低系统弃电率。选取系统弃电率略高于目标弃电率的方案 6 为基础储能规划方案，改变东西部储能电量配置比例，将西部储能电量和东部储能电量的配置比例从 45% 与 55% 变为 70% 与 30%，即在蒙西地区储能总规模不变的情况下，以 5% 为补偿调整西部和东部的储能电量配置比例，并对每个储能规划方案进行全年市场仿真（命名为方案 12 到方案 16）。东西部不同储能电量配置比例的储能规划方案仿真结果如表 4-5 所示，东西部不同储能电量配置比例对系统弃电率的影响如图 4-23 所示。

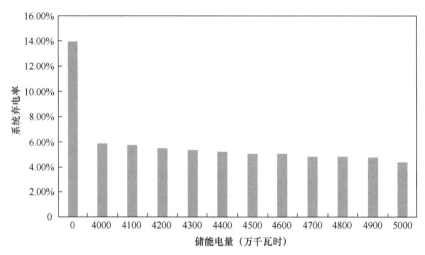

图 4-22　系统弃电率的变化

表 4-5　东西部不同储能电量配置比例的储能规划方案仿真结果

方案	总弃电量（亿千瓦时）	系统弃电率	西部储能电量占比	东部储能电量占比	储能造价（亿元）	成本指标（万元/兆瓦时）
方案 12	87.9	5.28%	45%	55%		0.49
方案 6	84.7	5.08%	50%	50%		0.48
方案 13	83.8	5.03%	55%	45%	702	0.47
方案 14	82.9	4.98%	60%	40%		0.47
方案 15	**81.8**	**4.91%**	**65%**	**35%**		**0.47**
方案 16	82.0	4.92%	70%	30%		0.47

　　仿真结果显示，在东部储能电量逐步降低且西部储能电量逐步升高的情况下，系统弃电率逐步降低。由于分割东西部的呼包断面阻塞，且输电潮流主要为从西向东流动，所以当阻塞发生时，西部的弃电相对较为严重，储能在西部的弃电回收作用更加显著。但是，当西部和东部的储能电量配置比例为 70%与 30%时，系统弃电率反而升高，这说明西部的储能电量配置出现了冗余，而东部的储能电量配置出现了短缺。从仿真结果来看，当东部和西部的储能电量配

置比例为 35%与 65%时，总弃电量最低，储能电量配置比例最优。

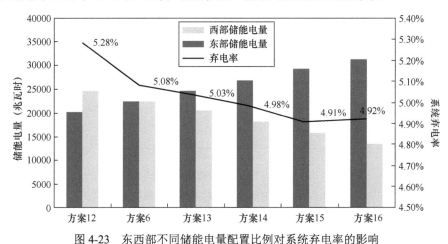

图 4-23　东西部不同储能电量配置比例对系统弃电率的影响

3）储能电量需求分析

对储能的满充电小时数进行优化，保持储能投资成本不变，东西部储能电量配置比例不变，改变储能电量和储能功率以改变储能小时数，从 6 小时开始，以 0.5 小时为间隔，逐步降低到 3 小时。对不同储能小时数的储能规划方案进行全年仿真，根据结果统计系统弃电率，选出储能小时数最优的储能规划方案（命名为方案 17～方案 22），不同储能小时数的储能规划方案仿真结果如表 4-6，不同储能小时数对系统弃电率的影响如图 4-24 所示。

表 4-6　不同储能小时数的储能规划方案仿真结果

方案	总弃电 （亿千瓦时）	系统 弃电率	储能小 时数 （小时）	储能电量 （万千瓦时）	储能功率 （万千瓦）	储能投资 成本 （亿元）	成本指标 （万元/兆瓦时）
方案 17	92.1	5.53%	6	4529	755		0.5
方案 18	88.6	5.32%	5.5	4516	821		0.49
方案 15	81.8	4.91%	5	4500	900		0.47
方案 19	80.7	4.84%	4.5	4481	996	702	0.46
方案 20	79.2	4.76%	4	4457	1114		0.46
方案 21	**77.2**	**4.63%**	**3.5**	**4427**	**1265**		**0.45**
方案 22	80.6	4.84%	3	4389	1463		0.46

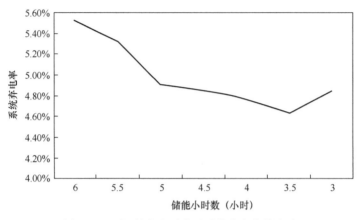

图 4-24　不同储能小时数对系统弃电率的影响

仿真结果显示，在储能小时数从 6 小时逐步降低到 4 小时的过程中，系统弃电率逐步下降，说明在支付同样造价的情况下，过高的储能电量会造成浪费，储能电量没有得到充分利用。当储能小时数为 3.5 小时时，储能规划方案最优。

4）最优储能规模配置

在储能功率为 1265 万千瓦、储能电量为 4427 万千瓦时的储能规划方案中，系统弃电率为 4.63%，已经低于 5% 的弃电率目标。最优储能规模配置应该选用低于 5% 的目标弃电率情况下经济效益最优的配置，需要继续降低储能规模，找到最接近 5% 的目标弃电率的储能规划方案。因此，从 4400 万千瓦时开始，以 100 万千瓦时为步长，逐步降低储能电量，在满足弃电率的同时，进一步降低储能投资成本（命名为方案 23～方案 25），最终储能规划方案仿真结果如表 4-7 所示。

表 4-7　不同储能规模配置的储能规划方案仿真结果

方案	总弃电 （亿千瓦时）	系统 弃电率	储能电量 （万千瓦时）	储能功率 （万千瓦）	储能投资成本 （亿元）	成本指标 （万元/兆瓦时）
方案 21	77.2	4.63%	4427	1265	702	0.45
方案 23	80.0	4.80%	4400	1257	698	0.46
方案 24	**82.1**	**4.93%**	**4300**	**1229**	**682**	**0.45**
方案 25	84.7	5.09%	4200	1200	666	0.45

仿真结果显示，当储能电量为 4300 万千瓦时、储能功率为 1229 万千瓦

时，系统弃电率为 4.93%，该方案为达到低于 5% 的目标弃电率的最优储能规划方案，即储能规模为 1229 万千瓦/4300 万千瓦时、储能投资成本为 682 亿元的储能规划方案。

5）最优储能规划方案对电力市场的影响

在最优储能规模配置下，东部负荷加权平均电价由基础情景下的 95.30 元/兆瓦时降低至 94.07 元/兆瓦时，西部负荷加权平均电价由基础情景下的 83.46 元/兆瓦时降低至 78.94 元/兆瓦时，系统负荷加权平均电价由基础情景下的 88.53 元/兆瓦时降低至 85.43 元/兆瓦时。储能在缓解新能源弃电的同时，更多地使用低价电，从而降低了系统电价。煤电发电成本由 49.5 亿元降低至 32.0 亿元，降低了 17.5 亿元，煤电平均发电小时数由 3207 小时降低至 2936 小时，降低了 271 小时，最优储能规划方案对电力市场影响的仿真结果如表 4-8 所示。

表 4-8　最优储能规划方案对电力市场影响的仿真结果

方案	系统负荷加权平均电价（元/兆瓦时）	东部负荷加权平均电价（元/兆瓦时）	西部负荷加权平均电价（元/兆瓦时）	煤机发电成本（亿元）	煤电平均发电小时数（小时）
基础情景	88.53	95.30	83.46	49.5	3207
最优储能规划方案	85.43	94.07	78.94	32.0	2936

3．情景分析

1）改变系统弃电率目标

若将系统弃电率目标改为低于 10%，则所需的储能规模将大大降低。系统弃电率目标为低于 10% 的储能配置情况仿真结果如图 4-25 所示。配置 430 万千瓦/1500 万千瓦时的储能即可使系统弃电率由 13.96% 降低至 9.76%，达到低于 10% 的弃电率目标，较达到低于 5% 的弃电率目标所需的储能规模下降了约 65%。

2）储能技术路线分析

不同储能技术路线的技术特性和成本特性存在一定差异，如充放电效率、储能小时数、成本等参数不同。因此，采用不同的储能技术路线对电力系统的影响也有差异。在控制储能成本不变的情况下，通过更改储能技术路线，仿真分析不同储能技术路线在降低系统弃电率方面的效果，可以很好地说明不同储能技术路线在缓解新能源消纳方面的能力。为了实现不同储能技术路线的可比性，本研究选取固定的储能系统成本，即 682 亿元，根据不同储能技术路线当前的单位成本，得出每种储能技术路线的可用规模，并将相应规模的储能技术路线及其配置参数放入仿真库，进行每种储能技术路线的全年仿真。

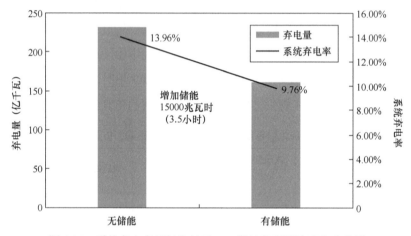

图 4-25　系统弃电率目标为低于 10%的储能配置情况仿真结果

　　储能技术路线分析方案仿真结果如表 4-9 所示，结合表 2-1 可以看出，虽然锂离子电池的充放电效率较高，但其成本指标较高，因此在支出成本相同的情况下，系统获得的总储能规模较小。相比之下，压缩空气储能的成本指标低于锂离子电池，虽然其充放电效率最低，但其可储存的电量较多，对于系统而言，其提升新能源消纳的效果优于锂离子电池。从抽水蓄能、锂离子电池和压缩空气储能 3 种储能技术路线的比较来看，在全系统总储能成本相同的前提下，抽水蓄能在提升系统新能源消纳能力方面的效果最佳，使系统弃电率降低至 1.43%。

　　需要说明的是，这部分分析是针对不同储能技术路线对全系统的影响分析，与储能技术路线本身的营利性无关。

表4-9　储能技术路线分析方案仿真结果

方案	总弃电量 （亿千瓦时）	系统弃电率	储能电量 （万千瓦时）	储能功率 （万千瓦）	成本 （亿元）	成本指标 （万元/兆瓦时）
锂离子电池	82.1	4.93%	4300	1229		0.45
压缩空气储能	59.7	3.59%	6819	852	682	0.39
抽水蓄能	23.8	1.43%	11364	1136		0.33

3）负荷发展变化情景

电力系统的远期负荷预测受到现状负荷、产业结构、经济增长及国家政策等多方面因素的影响，因此远期负荷预测存在较大的不确定性。因此，推断未来3～5年的负荷用电曲线存在较大的不确定性。在本算例中，我们考虑了蒙西地区2025年系统负荷上升10%和下降10%的情景。

（1）系统负荷上升10%情景。

假设基础情景下的最优储能规划方案（储能电量为4300万千瓦时）保持不变，进行该情景的仿真，系统负荷上升10%情景下配置不同储能电量的储能规划方案仿真结果如表4-10所示，在系统负荷上升10%情景下，系统弃电率降低至3.93%。次优储能规划方案在该情景下的系统弃电率也有下降。系统负荷上升提高了部分系统的新能源消纳能力。然而，若按照基础情景配置储能，则将出现过度投资的现象。

表4-10　系统负荷上升10%情景下配置不同储能电量的储能规划方案仿真结果

方案	总弃电量 （亿千瓦时）	系统弃电率	储能电量 （万千瓦时）	储能功率 （万千瓦）	基础情景下系统 弃电率
方案1	65.0	3.90%	4400	1257	4.80%
方案2	65.4	3.93%	4300	1229	4.93%
方案3	67.9	4.07%	4200	1200	5.09%

（2）系统负荷下降10%的情景。

同样以基础情景下的最优储能规划方案（储能电量为4300万千瓦时）为基础，进行该情景的仿真，系统负荷下降10%情景下配置不同储能电量的储能规划方案仿真结果如表4-11所示。系统负荷下降将加大新能源的消纳难度，并提高对系统灵活性资源的需求。若不增加储能的配置规模，则系统弃电率将上升，无法达到新能源消纳目标。因此，当开发新能源机组时，需要同时考虑负荷增长情况和储能配置情况，否则将加剧系统新能源消纳问题。

表 4-11　系统负荷下降 10%情景下配置不同储能电量的储能规划方案仿真结果

方案	总弃电量 （亿千瓦时）	系统弃电率	储能电量 （万千瓦时）	储能容量 （万千瓦）	基础情景下系统 弃电率
方案 1	104.3	6.26%	4400	1257	4.80%
方案 2	108.8	6.53%	4300	1229	4.93%
方案 3	110.7	6.65%	4200	1200	5.09%

4）新能源资源特性变化情景

风电的实际出力情况与天气情况息息相关，而 2025 年的风电出力情况存在较大的不确定性。在情景分析中，假设 2025 年为小风年，即构造蒙西地区 2025 年风电出力下降 20%的情景。

在蒙西地区 2025 年风电出力下降 20%的情景下，基础情景下最优储能规划方案的系统弃电率降低至 3.58%。次优储能规划方案在该情景下的系统弃电率也有下降，风电出力下降 20%情景下配置不同储能电量的储能规划方案仿真结果如表 4-12 所示。风电出力下降缓解了系统新能源消纳的压力，对系统灵活性资源的需求降低。若按照基础情景配置储能，将会出现过度投资的现象。因此，天气预测的准确性在很大程度上会影响储能规划。

表 4-12　风电出力下降 20%情景下配置不同储能电量的储能规划方案仿真结果

方案	总弃电量 （亿千瓦时）	系统弃电率	储能电量 （万千瓦时）	储能容量 （万千瓦）	基础情景下系统 弃电率
方案 1	49.0	3.46%	4400	1257	4.80%
方案 2	50.8	3.58%	4300	1229	4.93%
方案 3	51.7	3.64%	4200	1200	5.09%

5）新能源发展变化情景

在"双碳"目标的推进过程中，新能源装机容量将快速增长，政府根据"双碳"目标，倒排新能源装机容量。然而，在落实过程中，设备、组件成本发生变化，风光资源、土地资源等紧张，竞争加剧。因此，3～5 年后的新能源装机容量存在较大的不确定性。在本算例中，构造了蒙西地区 2025 年新能源装机容量上升 20%和下降 20%的情景。

（1）新能源装机容量上升 20%情景。

在新能源装机容量上升 20%情景下，基础情景下最优储能规划方案的系统弃电率升高至 9.15%。次优储能规划方案在该情景下的系统弃电率也有升高，新能源装机容量上升 20%情景下储能规划方案仿真结果如表 4-13 所示。新能源装机容量上升加剧了系统新能源消纳的压力，对系统灵活性需求提出了更高的要求。若不增加储能的配置规模，则系统弃电率将上升，无法达到新能源消纳目标。因此，过度开发新能源机组而不考虑储能配置，将加剧系统的新能源消纳问题。

表 4-13　新能源装机容量上升 20%情景下储能规划方案仿真结果

方案	总弃电量 （亿千瓦时）	系统弃电率	储能电量 （万千瓦时）	储能容量 （万千瓦）	基础情景下系统 弃电率
方案 1	179.6	8.98%	4400	1257	4.80%
方案 2	183.0	9.15%	4300	1229	4.93%
方案 3	188.9	9.40%	4200	1200	5.09%

（2）新能源装机容量下降 20%情景。

在新能源装机容量下降 20%情景下，基础情景下最优储能规划方案的系统弃电率降低至 2.56%。次优储能规划方案在该情景下的系统弃电率也不同程度地下降，新能源装机容量下降 20%情景下储能规划方案仿真结果如表 4-14 所示。新能源装机容量的下降缓解了系统新能源消纳的压力，对系统灵活性资源的需求降低。若按照基础情景配置储能，则会出现过度投资的现象。因此，配置储能时要尽可能准确地评估新能源的发展情况。

表 4-14　新能源装机容量下降 20%情景下储能规划方案仿真结果

方案	总弃电量 （亿千瓦时）	系统弃电率	储能电量 （万千瓦时）	储能容量 （万千瓦）	基础情景下系统 弃电率
方案 1	33.0	2.48%	4400	1257	4.80%
方案 2	34.0	2.56%	4300	1229	4.93%
方案 3	34.7	2.60%	4200	1200	5.09%

在新能源弃电方面，影响最大的因素是新能源装机容量的增长情况，其次为电力负荷的增长情况，影响最小的因素为燃料价格的变化情况。

6）煤电普遍实施灵活性改造情景

随着火电机组灵活性改造技术的不断发展，其深调峰能力将在一定程度上得到加强。因此，未来3～5年火电机组的最小出力可能会进一步下降。在本算例中，火电机组最小出力占装机容量的平均比重（火电机组最小出力占比）为53%，因此构造了火电机组最小出力占比达到40%的平均水平情景。

火电机组最小出力占比达到40%情景下储能规划方案仿真结果如表4-15所示，在该情景下，最优储能规划方案的系统弃电率降低至2.78%。次优储能规划方案在该情景下的系统弃电率也有下降。火电机组最小出力占比降低，能够在新能源消纳紧张时段为新能源增加发电空间，提高新能源的消纳能力，整体上增加系统的功率调节灵活性，缓解系统新能源消纳的压力。若按照基础情景配置储能，将会出现过度投资的现象。

表4-15　火电机组最小出力占比达到40%情景下储能规划方案仿真结果

方案	总弃电量 （亿千瓦时）	系统弃电率	储能电量 （万千瓦时）	储能容量 （万千瓦）	基础情景下系统 弃电率
方案1	46.5	2.79%	4400	1257	4.80%
方案2	46.3	2.78%	4300	1229	4.93%
方案3	47.3	2.84%	4200	1200	5.09%

对敏感度分析进行总结，在保持储能规模不变的情况下，由仿真计算的系统弃电率变化情况可知，影响最大的因素首先是新能源装机容量的增长情况，其次是火电机组优化改造情况，再次是系统负荷的增长情况，最后是燃料价格的变化情况。因此，在进行蒙西地区的储能规模决策时，需要进一步评估影响程度较大的不确定因素，进而对储能规模进行相应的调整。敏感度分析结果比较如图4-26所示。

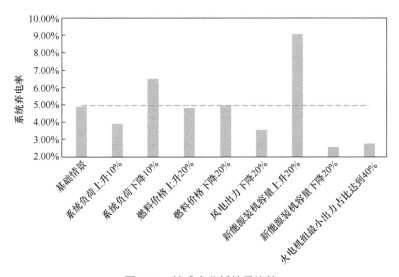

图 4-26　敏感度分析结果比较

4.3　不同配置运行模式下的储能经济性评估

4.3.1　风光储联合一体化电站储能规划方案

风电和光伏发电具有难控制、难预测、反调峰等对电网不友好的特性，使得在没有储能的情况下，场站的新能源消纳能力将受到电网整体消纳能力的影响。风光储联合一体化电站成为解决上述风光电上网问题的重要方案之一。风光储联合一体化电站由风电、光伏发电和储能系统 3 个单元组成，通过储能手段调整新能源上网时序，并将部分新能源发出的电能储存起来，根据消纳需求或收入需求有计划地送出。风光储联合一体化电站的建设目的是在提高新能源占比的同时，控制新能源的系统弃电率，解决新能源发电本身的不确定性及其导致的大规模弃风弃光问题，促进新能源发电的发展，有效提高电网对新能源发电的接纳能力，同时提高风光储联合一体化电站的经济效益，针对不同规模及不同地理位置的场站提出相对应的最优储能规划方案。

根据场站本身资源和消纳省份的整体情况，风光储联合一体化电站的储能优化配置采用"系统仿真+本体优化"的两层优化方式，内外模型双层迭代优化框架如图 4-27 所示。

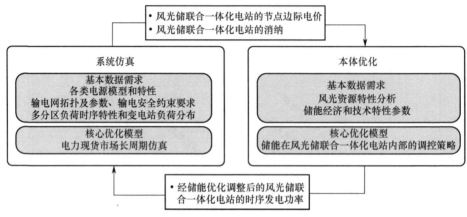

图 4-27　内外模型双层迭代优化框架

进行风光储联合一体化电站储能优化配置的迭代优化步骤如下。

（1）进行"系统仿真"，即利用电力市场仿真模型进行全年 8760 小时电力市场仿真，以获得初始的风光储联合一体化电站的节点边际电价、电站上网功率及弃电情况，全年 8760 小时的电价和上网电量将作为风光储联合一体化电站本体优化边界。

（2）进行"本体优化"，即提出储能初始配置方案，并利用风光储联合一体化电站运行模型，以电站整体效益最优为目标，优化储能的充放电运行方式，获得经储能进行发电功率调制（储能优化调整）后的风光储联合一体化电站的时序发电功率。

（3）再次进行"系统仿真"，将配置储能后的风光储联合一体化电站发电功率带入系统模型，进行全年 8760 小时电力市场仿真，量化对比储能配置前后风光储联合一体化电站的发电量和发电收入。

电力市场仿真模型综合考虑了多类型电源的发电特性及经济特性，并构建了储能模型。该规划思路利用风光储联合一体化电站模型求解最优储能配置，并利用电力市场仿真模型分析系统的各项运行指标。通过将风光储联合一体化电站模型与电力市场仿真模型相结合，实现规划与运行的整合，使风光储联合一体化储能规划方案满足系统各项运行要求，实现综合成本最低、经济效益最大。

4.3.2　风光储联合一体化电站储能配置分析

本节针对蒙西电网建设的风光储联合一体化电站进行储能配置分析，并在电力市场环境下进行经济性储能规划的实证分析。首先，基于 2025 年蒙西电网基础算例，构建无储能的风光储联合一体化电站；其次，将含大基地的基础算例进行全年 8760 小时电力市场仿真，分析无储能电站的电价及新能源消纳情况；再次，提出不同储能规划方案，并基于本体优化模型进行风光储联合一体化电站的内部运行优化；最后，进行情景分析，对不同储能小时数和不同大基地地理位置进行敏感度分析。

4.3.3　基础算例仿真结果

将无储能情况下的风光储联合一体化电站接入蒙西市场进行全年 8760 小时电力市场仿真。在新能源消纳方面，图 4-28 显示了在无储能情况下风光储联合一体化电站全年 8760 小时时序弃电曲线。最大弃电功率为 96.3 万千瓦，全年风光总弃电量为 5.6 亿千瓦时，系统弃电率约为 19.4%。

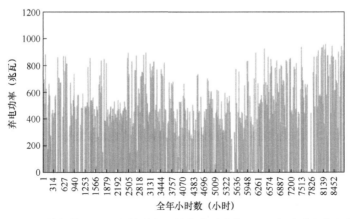

图 4-28　无储能情况下风光储联合一体化电站全年 8760 小时时序弃电曲线

在电价方面，仿真获得风光储联合一体化电站全年 8760 小时的节点边际电价。统计结果显示，最高电价为 699.6 元/兆瓦时，最低电价为 0 元/兆瓦时，全年平均电价为 80.85 元/兆瓦时，全年平均日内价差为 252.68 元/兆瓦时。

4.3.4　储能规划方案分析

进行储能规划方案分析，即采用不同的风光储联合一体化电站内部的储能配置，并相应地进行电站内部模型的优化运行，以配置储能后电站的总收入增量作为储能的收入，以静态投资回报年限为指标，即总投资除以年总收入，测算储能的投资经济性。

搭建储能容量为 1 万~100 万千瓦，储能时长为 4 小时的储能模块。从储能容量为 1 万千瓦开始，以 1 万千瓦为步长，设计 100 个储能规划方案，并对每个储能规划方案进行电站内部模型的仿真分析。图 4-29 为不同储能规划方案的储能效益曲线，其中储能效益为配置储能后风光储联合一体化电站的收入减去无储能时风光储联合一体化电站的收入。

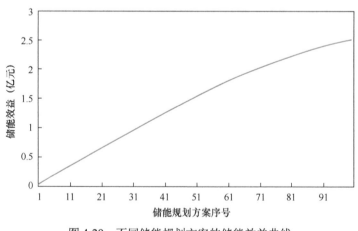

图 4-29　不同储能规划方案的储能效益曲线

储能效益几乎与储能容量成正比。在风光储联合一体化电站内部模型中，储能的功能包括弃电回收和电价套利。在电价套利方面，储能容量越大，在电价差不变的情况下，其套利能力越强，也就是套利获得的收入就越高。套利能力与储能容量成正比，与风光储联合一体化电站内部模型的新能源发电能力无关。在弃电回收方面，风光储联合一体化电站本身的弃电规模较大，在储能配置容量相对较大时，储能在弃电回收方面的应用较为充分，而当储能配置容量过大时，会出现部分能力的冗余。综合来看，储能效益整体呈线性，但在储能规模过大时会出现储能效益增长放缓的情况。

图 4-30 为不同储能规划方案的储能投资回报年限曲线。总体来看，风光储联合一体化电站的储能经济性较差，静态投资回报年限普遍大于 20 年，而且随着储能配置容量的增长，其静态投资回报年限也随之增加，最高达到 25 年。

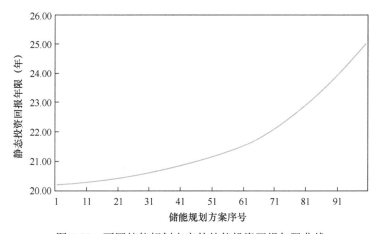

图 4-30　不同储能规划方案的储能投资回报年限曲线

风光储联合一体化电站储能经济性不佳的主要原因是电站的电价价差较低。当储能的作用是价差套利时，电价价差越高，储能效益就越高，反之越低。风光储联合一体化电站的节点边际电价全年日均价差为 252.68 元/兆瓦时，相较于 1000 元/千瓦时的储能单位投资，难以实现较高的储能经济性。考虑到储能的弃电回收功能，弃电通常发生在电价为 0 元/兆瓦时的时段，而储能回收的弃电通常在高价时段放电，从经济层面看，本质上弃电回收等同于电价套利。此外，储能配置容量越大，其储能经济性就越差，因为当储能单位投资不变时，根据前述分析，虽然储能效益总量增加，但增速下降。

需要说明的是，当前的储能效益仅考虑了电能量相关应用的收入，未考虑容量机制收入和辅助服务收入。

如果仅按照投资经济性来评价储能投资，那么该风光储联合一体化电站不应投资建设储能系统，还有其他因素会影响投资决策。例如，如果风光储联合一体化电站的上网电量有最低要求，那么应在达到上网电量最低要求的情况下，配置最小容量的储能；此外，如果该省级电力市场中有其他储能收入来源，如调频收入，那么应叠加电能量、调频等储能综合总收入来评估储能的实际经济性。

4.3.5　风光储联合一体化电站情景分析

对锂离子电池储能系统配置不同的储能小时数，即固定储能功率为 10 万千瓦，以 1 小时为步长，分别配置 1~6 小时的储能方案（命名为方案 1~方案 6），并仿真分析不同储能小时数对储能效益的影响，不同储能小时数的储能规划方案仿真结果如表 4-16 所示。储能效益基本与储能容量呈线性关系，即锂离子电池储能系统配置的储能容量越大，总效益越高。

表 4-16　不同储能小时数的储能规划方案仿真结果

方案	储能小时数（小时）	收入（亿元）	储能容量（万千瓦时）	储能功率（万千瓦）	储能成本（亿元）	总效益（万元）	静态投资回报年限（年）
方案 1	1	1.21	10	10	1.8	982	18.34
方案 2	2	1.29	20	10	3.3	1797	18.36
方案 3	3	1.36	30	10	4.8	2497	19.22
方案 4	4	1.42	40	10	6.3	3101	20.32
方案 5	5	1.47	50	10	7.8	3628	21.50
方案 6	6	1.52	60	10	9.3	4079	22.80

4.3.6　独立储能经济性分析

1. 无储能竞争情景

根据当前的蒙西电力现货市场规则，独立储能参与电能量市场的主要要求包括：①容量暂定不低于 10 兆瓦，连续充放电时间不低于 2 小时，最大充放电功率不低于 5 兆瓦；②满足电网接入技术要求的独立储能设施以自调度方式参与现货电能量市场，在满足电网安全和新能源消纳的前提下作为价格接受者优先出清；③独立储能设施放电电量参考发电侧电量进行结算，充电电量参考用户侧电量进行结算。

假设一个储能规模为 100 兆瓦/200 兆瓦时的独立储能电站参与蒙西电力市场，市场中没有其他储能电站参与竞争。独立储能电站采用自调度模式，并假设该独立储能电站能够精准预测市场价格，即在日内价格最高时段放电，在日内价格最低时段充电。充电成本主要包括充电电费、输配电费及其他附加费用，设定充电电价为 0 元/兆瓦时，并假设在可用电量下全电量充电，输配电价按照 220kV 电压等级价格设定，政府性基金和附加费用按照蒙西地区的规定设定。在每日发电收入方面，用价差值乘以放电电量计算，放电电量需要考虑充放电效率。每日电量套利收入为每日发电收入减去每日成本。在月运行日方面，考虑到储能年总运行天数为 330 日，即约有 1 个月的检修时间，将检修全部安排在日均价差最低的月份。

假设该独立储能电站在 2025 年的基础算例中运营，即无其他储能系统参与竞争。根据仿真结果，图 4-31 为全年 8760 小时的时序电价曲线，日内最低价为 0 元/兆瓦时，日内最高价普遍为 200～300 元/兆瓦时。

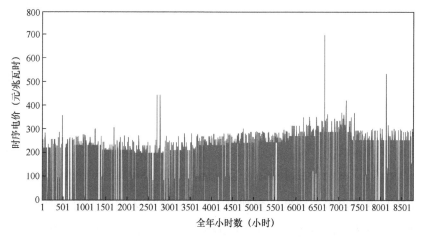

图 4-31　全年 8760 小时的时序电价曲线

根据上述独立储能在电力现货市场的参与机制,进行独立储能的基本经济性评估。依据锂离子电池储能系统在 2025 年的成本预测,计算储能投资情况,无储能竞争情景下储能经济性分析汇总如表 4-17 所示。

表 4-17　无储能竞争情景下储能经济性分析汇总

类别	单位	值
年电量套利收入	万元	1539
年输配电费、基金及附加成本	万元	58
年总收入	万元	1481
静态投资回报年限	年	10.81

根据上述算法,该独立储能电力现货市场的年电量套利收入为 1539 万元,静态投资回报年限为 10.81 年。

假设将静态投资回报年限为 8 年作为投资评价标准,则储能每年还应获得 519 万元收入以通过投资评价。该算例仅计算了年电量套利收入,储能每日运行约 4 小时,即采用一充一放的日内运行方式,每日还有约 20 小时的闲置。储能在不参与电能量市场的时段,可参与调频市场,假设日调频里程为 2000 兆瓦、调节性能 K_p 为 7.5、调频价格为 2 元,则该储能调频的年收入为 835 万元,即如果参与调频市场,那么储能能够实现 8 年回收成本的目标。由于目前尚无独立储能参与调频市场,所以应根据具体独立储能所在省份,综合考虑调频规则、调度方式及调频市场竞争等因素,客观分析储能调频收入。

上述算例采用了未来较理想情况下较低的储能单位成本(未来理想成本)。同时,将储能单位成本调整至未来预测的正常成本(未来预测成本),即 1000 元/千瓦时,以及现状的储能单位成本(现状成本),即 1600 元/千瓦时。当这两种成本上升时,独立储能的静态投资回报年限相应上升至 13.51 年和 21.61 年。不同成本情景的静态投资回报年限如图 4-32 所示。

结果显示,该独立储能的经济效益较差,几个重要的影响因素包括:①蒙西市场的日内电价价差较低,套利收入较少;②收入来源仅为电能量套利,未考虑调频收入和容量补偿收入;③损耗需要支付年输配电费、基金和附加成本,属于储能的运行成本。

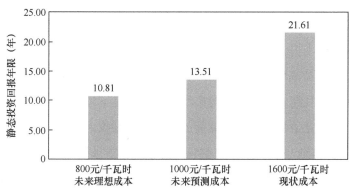

图 4-32　不同成本情景的静态投资回报年限

2. 储能充分竞争情景

假设该 100 兆瓦/200 兆瓦时的独立储能电站运行时，蒙西电力市场中已经运行了大量的储能电站，共同在电力市场中竞争。假设所有储能电站都进行自调度并接受市场价格，即在高价时段放电和在低价时段充电。假设系统中已经建设了 1229 万千瓦/4300 万千瓦时的储能系统。基于仿真后的全年 8760 小时时序电价，统计日内最高价和最低价的电价价差，并与无储能竞争情景下的电价价差进行比较。不同储能规模的日内电价价差比较如图 4-33 所示。

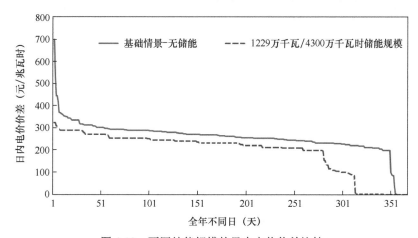

图 4-33　不同储能规模的日内电价价差比较

配置大量储能后，电价价差水平显著下降，全年日内电价价差平均值从 258.33 元/兆瓦时下降至 193.86 元/兆瓦时，其原因是在储能进入电力系统后，由于储能均希望在低价时段充电，所以这实质上增加了原本低价时段的负荷水平，使低谷电价上升。类似地，储能希望在高价时段发电以获得高发电收入，这增加了原本负荷高峰时段的低成本电源，使高峰电价下降，从而日内电价价差相应降低，而且越多的储能参与市场，电价价差下降的幅度越大。

在储能充分竞争情景下，该储能的年电量套利收入为1209万元，相比于无储能竞争情景，该收入下降了21.44%。静态投资回报年限为13.90年，相比于无储能竞争情景，增长了3.09年。在储能充分竞争情景下，储能电站的投资效益大幅下降。表4-18对储能充分竞争情景下的储能经济性进行了分析汇总。

表4-18　储能充分竞争情景下的储能经济性分析汇总

类别	单位	值
年电量套利收入	万元	1209
年输配电费、基金及附加成本	万元	58
年总收入	万元	1151
静态投资回报年限	年	13.90

在风光储联合一体化电站建设地点分析方面。在蒙西电网东部建设一座与无储能竞争情景等规模的风光储联合一体化电站，其中，光伏发电出力曲线与蒙西电网的光伏发电出力曲线形态一致，峰值为50万千瓦；风电出力曲线与该风光储联合一体化电站所在地区的风电出力曲线形态一致，峰值为50万千瓦。东部大基地的新能源出力曲线峰值为94.2万千瓦，全年总出力为27.2亿千瓦时。

针对含东部风光储联合一体化电站的蒙西电力市场进行全年8760小时电力市场长周期仿真。在风光储联合一体化电站的新能源消纳方面，最大弃电功率为94.2万千瓦，全年风光弃电量为3.1亿千瓦时，弃电率为11.29%。在电价方面，仿真结果统计得出大基地平均电价为92.84元/兆瓦时，最高电价为608.7元/兆瓦时，平均日内电价价差为257.21元/兆瓦时。

为100万千瓦的东部风光储联合一体化电站配置10%的4小时储能，即10万千瓦/40万千瓦时的储能。在新能源消纳方面，配置储能后全年风光总弃电量约为2.9亿千瓦时，减少了约0.2亿千瓦时的新能源弃电量。在增收方面，无储能时大基地的收入约为1.5亿元，配置储能后大基地的收入约为1.8亿元，增加了约 0.3 亿元收入。东西部大基地配置相同规模的储能，东部储能效益略高于西部，但西部可以消纳更多的弃电量，不同地理位置大基地储能规划方案仿真结果如表 4-19 所示。

表 4-19　不同地理位置大基地储能规划方案仿真结果

方案	收入（亿元）	储能电量（万千瓦时）	储能功率（万千瓦）	储能成本（亿元）	效益（万元）	静态投资回报年限（年）	弃电消纳量（亿千瓦时）
西部	1.42	40	10	6.3	3101	20.32	1.1
东部	1.83	40	10	6.3	3193	19.73	0.2

4.4　电力现货市场条件下储能发展的政策机制展望

4.4.1　目前的储能经济性不足

本书以蒙西地区为例，对风光储联合一体化电站、独立储能电站等进行仿真，得出以下结论。

基于内蒙古的"十四五"规划，进行了 2025 年蒙西电力市场的仿真分析，得出全年系统弃电率为 22.60%。造成弃电的主要原因包括输电阻塞和火电机组整体深调能力不足，此外，也存在火电机组爬坡能力不足，无法满足新能源爬坡需求的情况。蒙西地区储能规模合理配置研究结果显示，在蒙西地区全域年系统弃电率低于 5% 的目标下，蒙西地区合理的储能规模配置为 1229 万千瓦/4300 万千瓦时，其中，东部地区和西部地区的储能电量配置比例分别为 35% 与 65%。

结合蒙西电力市场 2025 年的电力系统状况，对独立储能经济性进行仿真量化分析。在无储能竞争情景和储能充分竞争情景下，全年日价价差均值分别为 258.33 元/兆瓦时与 193.86 元/兆瓦时。在独立储能经济性测算中，在无储能竞争情景和储能充分竞争情景下，该独立储能的静态投资回报年限分别为 10.81 年和 13.9 年。在仅考虑电能量市场中电量套利收入的情况下，独立储能经济性难以达到发电资产投资的经济性标准。该独立储能电站的经济效益较差，主要受几个重要的因素影响：①蒙西电力市场的日内电价价差较低，年电量套利收入较低；②收入来源仅为电量套利，未考虑调频收入和容量补偿收入；③损耗需要支付年输配电费、基金和附加成本，属于储能的运行成本；④在大规模储能充分竞争情景下，电力现货市场电价价差水平显著下降。

通过对风光储联合一体化电站的储能配置进行仿真分析，将新能源总装机容量为 100 万千瓦的风光储联合一体化电站接入蒙西西部的德岭山变电站。在系统仿真环节，计算得出风光储联合一体化电站全年风光总弃电量约为 5.6 亿千瓦时，弃电率约为 19.4%，全年平均日内电价价差为 252.68 元/兆瓦时。在风光储联合一体化电站"本体优化"环节，构建装机容量为 1 万～100 万千瓦的 4 小时储能，从装机容量为 1 万千瓦开始，以 1 万千瓦为步长，设计 100 个储能规划方案，计算得到的储能效益几乎与储能的配置规模成正比。由于市场电价价差较低，所以风光储联合一体化电站内配置储能的经济性较差，静态投资回报年限普遍超过 20 年，而且随着储能配置规模的增长，其静态投资回报年限更长，最长可达到 25 年。针对分别位于东部和西部的风光储联合一体化电站配置相同规模的储能，东部电站的储能效益略高于西部电站。

总体上看，在目前储能成本较高且收入来源单一的情况下，现有盈利模式无法满足储能商业可持续发展的需要。当商业化储能的经济性不足时，市场中的总储能规模难以达到需求，导致新能源消纳目标难以实现。

4.4.2　政策机制建议

1. 各省份应合理设置新能源消纳目标

仿真量化分析发现，当宏观的系统弃电率目标从低于 5%调整至低于 10%时，省域储能装机容量需求下降约 65%，对应的储能投资规模减少超过 400 亿元。当未来新能源占比过高时，极低的系统弃电率要求将导致过高的新能源消纳成本，所有成本最终将传导至电力用户侧，导致用户的综合用电成本显著上升。因此，在国家层面，为实现"双碳"目标，应基于分阶段的"双碳"进程，根据各省份的电源结构特性，合理设置分区域、分省份的新能源消纳目标。

2．各地区分阶段科学提出储能配置要求

地方政府应避免"拍脑袋"方式的粗放型储能规划，这种储能规划可能导致两种结果：一方面，过度配置会造成资源闲置、投资浪费、用户购电成本上升；另一方面，配置不足会导致无法实现新能源消纳目标，影响"双碳"进程。因此，地方政府应根据国家层面对新能源合理消纳的目标，结合电力和能源的宏观规划，通过科学的分析和计算，提出未来分阶段的储能及其他灵活性资源的配置要求。

3．建立健全储能参与电力现货市场的机制

地方政府在制定新能源配储政策时采取了"一刀切"的配置要求，但并未相应制定配套的储能投资回收政策，导致投资亏损、资源闲置、劣币驱逐良币等问题。其根本原因在于：未建立储能能够参与的以电力现货市场为核心的电力市场体系。因此，在国家层面，应做好电力市场的顶层设计，进一步推动电力市场化进程，加大电力现货市场的实施范围和进度，构建完善的电力市场体系。在地方层面，应建立储能参与电力市场模式，包括电能量市场、辅助服务市场、容量成本回收机制等，使储能通过参与多个市场获得的综合收入满足储能投资的经济性要求，充分发挥市场配置资源的决定性作用，有效激励市场主体投资，赋予企业自主配置储能规模的权利，形成良性、自发、可持续的储能规模化发展典型市场环境基础。

4．应积极推动稀缺电价机制，为储能创造盈利空间

稀缺电价机制允许系统在短时间内出现极高的价格尖峰，这对储能盈利至关重要。根据本书研究中的仿真结果，在当前的电价水平下，即使储能的造价降至 800 元/千瓦时（目前约为 1600 元/千瓦时），也难以满足储能回收成本的需要。因此，需要大幅提高储能收入。在电力现货市场中，虽然存在峰谷电价，但是受价格上限影响，电价差较小。以锂离子电池为例，其平准化度电成本为 0.5～0.7 元/千瓦时，若现货价格差无法超过此数值，则储能无法回收成本。因

此，建立健全的稀缺电价机制是保障储能收益的关键。

4.4.3　对发电企业的启示

1．面向全国提出分区域、分省份的储能发展战略

针对每个省份进行宏观储能需求和总体经济性的评估，在宏观储能需求方面，应基于其新能源发展状况、常规电源结构、负荷增长及省间交易等情况，采用仿真分析量化其新能源消纳和保供能力，以确定该省份对储能的物理需求。在总体经济性方面，应分析其市场构成和储能可参与的市场产品。由于国内采取以省份为实体的电力现货市场方式，所以每个省份的市场规则和电价水平存在较大差异。例如，每个市场的电源结构不同、电力现货市场限价水平不同，会导致电力现货市场的电价价差水平有较大的差异。例如，浙江电力现货市场下限为−200 元，但日内电价价差普遍为 200～300 元/兆瓦时，相比之下，山东电力现货市场在冬季的日内电价价差经常超过 800 元/兆瓦时。因此，应针对具体省份设计储能参与的市场模式，采用市场仿真的方式对未来电力市场运行状况进行量化预测，评价储能的综合收入水平。在宏观储能需求和总体经济性的基础上，对储能项目开发的重要性进行省级排序，提出发展战略的布局。

2．引导省级公司提出储能参与市场的政策建议

储能系统具有响应速度快、运行方式灵活的特点，根据技术功能，储能可以参与电能量市场、辅助服务市场及容量市场。从收入来源看，理论上，储能可以从电能量市场中获得价差套利收入，从辅助服务市场中获得调频或备用服务收入，从容量市场中获得容量收入，以及从新能源电站中获得配置储能的资格租赁收入等。然而，在不同的市场中，储能参与模式存在差异。例如，在山东市场中，独立储能只能选择参与一种市场，即电能量市场或调频市场，这在很大程度上限制了储能的充分利用。针对重点目标省份，应引导省级公司对该省份储能参与市场模式提出合理可行的政策建议。例如，储能可同时参与电能

量市场和辅助服务市场，合理评估储能的容量价值以参与容量市场，同时考虑如何合理配置储能规模以避免恶性竞争等。在提出政策建议时，应以量化分析为依据，做到在提升社会福利的同时，确保储能投资的经济性。

3. 要求各省级公司合理配置储能项目规模

风光储联合一体化电站是发电企业未来的重点发展方向之一，旨在提高清洁能源发电的比例。风光储联合一体化电站在投运后面临的经营难点在于电量消纳不足和收入水平较低。一方面，随着风光电站的快速建设，在系统灵活性调节资源未有显著提升的情况下，系统对新能源的消纳能力逐步降低，导致系统弃电率逐步上升，进而影响风光储联合一体化电站的电量消纳水平；另一方面，随着新能源的增加，由于其变动成本或在电力现货市场中的报价较低，所以在新能源发电高出力的情况下，电力现货市场的电价通常会偏低，特别是对于光伏发电这种具有非常相似发电特性的电源，光伏发电时段的电价会降低，甚至达到现货地板价。为了应对这一情况，应要求省级公司在新建电源的前期工作中运用电力现货市场长周期仿真技术，结合市场竞争、电力供需、网情等因素对电量和电价进行量化预测，以选择合适的储能规模，保证储能投资效益，避免盲目投资，降低投资风险。同时，在允许配置储能时，应综合考虑多种储能技术路线，根据应用需求，合理选择储能技术路线。

4. 应要求新建煤电项目进行电力市场环境下的经济性评估

蒙西地区 2025 年电力现货市场的仿真结果显示，在配置储能后，最优储能规划方案的煤电平均发电小时数相比于基础情景下的煤电平均发电小时数降低了 271 小时，为 2936 小时，即在蒙西地区系统弃电率低于 5% 的情况下，煤电机组的全年发电小时数不到 3000 小时。同时，电力现货市场系统平均电价为85.43 元/兆瓦时，煤电机组的电量和电价均未达到常规概念上的目标值。然而，这并不能说明煤电的效益不佳。确立煤电的经济性，需要在以电力现货市场为核心的电力市场体系中进行预测和评估，电力市场体系不仅包括电能量市场，还包括辅助服务市场和容量市场，即煤电机组的收入包括电能量收入、辅助服务收入和容量收入。应建立煤电在电力市场中的经济性评估方法，其核心是采用电力现货市场长周期仿真技术量化预测煤电的电能量收入，同时根据辅助服务规则，合理预测辅助服务收入，特别是应重点考虑未来建立的容量收入，以保证电力系统的供电可靠性。

5. 应加强电力市场的分析和预测基础能力

电力市场长周期仿真技术的主要功能是模拟未来较长一段时间内电力市场运行情况，预测未来机组的时序发电功率、节点边际电价、机组收入、成本和利润等。电力市场长周期仿真技术在发电企业中的应用包括新建电源的经济性评估、省级或区域层面的电源发展规划、存量电源的中长期交易策略制定、检修计划制订、燃料采购计划制订等。在国内电力市场快速发展的情况下，应尽快开展电力市场长周期仿真技术的常态化应用，培养专业的分析人员，充分利用这种技术手段支撑发电企业在电力市场环境下的各种分析需求。应建立一套电力市场相关仿真数据的管理办法，包括对数据需求的设计、数据来源的统筹、数据更新迭代的要求，在保证数据源的准确性和及时性的基础上，由专业团队构建市场仿真数据模型及相应的数据库。构建全国所有省份的仿真数据，使发电企业基本具备全国的电力市场分析能力。

第5章 研究结论、建议及未来展望

本书在研判应对气候变化背景下能源系统转型基本趋势及电力市场改革发展模型的基础上，分析了储能在发电侧、电网侧和负荷侧的应用潜力，开发了电力系统优化仿真模型——CE-power 模型，用于对未来电力系统储能规模化应用场景进行仿真研究，并选取蒙西地区为"样板地区"，实现了对典型地区储能规模的优化配置及其经济性研究，深入探讨了储能规模化发展对新型电力系统建设的作用和意义。

5.1　主要研究结论

5.1.1　储能规模化发展是构建新型电力系统的重要内容

本书通过对 SWITCH-China 模型进行数据、技术、经济参数本地化和模型结构扩展，开发形成了电力系统优化仿真模型——CE-power 模型。CE-power 模型采用国内最新的不同类型电源实际运行数据和高时空分辨率风能资源数据，并在模型中增加了我国当前及规划建设的特高压线路，将储能模块扩展至抽水蓄能、新型储能、氢能等细分领域。基于各省份全年 8760 小时电力负荷数据，对未来不同时段的电力需求进行预测，按照"风光资源评估—源网荷储建模—电力系统规划—情景分析"的技术流程，实现了多情景下对未来我国储能装机容量、结构、空间布局等的模拟，并得出以下结论。

1. 未来储能规模将随着风光新能源占比的提升而大规模发展

在基础情景下，2060 年，我国风电、光伏发电装机容量约为 57.68 亿千瓦，装机容量约占全国发电总装机容量的 74.6%，发电量约占全国总发电量的 65.2%；煤电装机容量约为 9.07 亿千瓦，煤电装机容量约占全国发电总装机容量的 12%，发电量约占全国总发电量的 5.8%。为了解决新能源大规模发展带来的波动性、间歇性等问题，并保障电网稳定性，我国储能装机规模将持续扩大，预计到 2060 年储能装机容量将达到 16.1 亿千瓦。从结构上看，抽水蓄能装机容量约为 4.12 亿千瓦，新型储能装机容量约为 10.63 亿千瓦，氢储能装机容量约为 1.34 亿千瓦。在发展时序上，预计 2030 年之前，我国多数省份的储能方式将以抽水蓄能为主，之后新型储能将逐步占据主导地位。随着新能源渗透率的提升，电力系统对储能装机容量的需求也将发生变化，预计到 2030 年，短时储能（0～4 小时）装机容量约占储能总装机容量的 54.43%，2060 年中长时储能（4 小时以上）装机容量约占储能总装机容量的 66.11%。

2. 储能布局与新能源布局高度一致

基于储能与新能源协同发展的需要，我国的储能主要分布在新能源资源富集地区和高渗透率地区。预计到 2060 年，新型储能装机将主要集中在西北、华北和南方地区，届时储能装机容量占风光新能源装机容量的比重将由 2025 年的约 7.39%逐步增至 2060 年的约 27.91%。根据不同类型储能的区域分布，到 2060 年，西北地区的抽水蓄能装机容量最大，约为 8700 万千瓦，华北地区的抽水蓄能装机容量最小，约为 3600 万千瓦；新型储能装机容量从大到小依次为华北地区、西北地区、南方地区，全国占比分别约为 31.6%、21.9%、21.3%；氢储能装机容量从大到小依次为华北地区、西北地区和南方地区，全国占比分别约为30.49%、22.65%、21.06%。

3. 未来储能需求还与火电利用率息息相关

未来，储能的装机容量主要取决于新能源的发展速度、规模和火电利用率。新能源发展速度越快、规模越大，储能的需求也会越大；而火电利用率的提升则会降低储能的需求。在高火电情景下，2060 年煤电利用小时数约为 3143 小时，较基础情景高约 2151 小时，煤电发电量约为 2.91 万亿千瓦时，比基础情景增加约 1.97 万亿千瓦时，储能装机容量约为 13.46 亿千瓦，比基础情景减少约 2.64 亿千瓦，当年总发电成本比基础情景增加约 0.77 万亿元，但可减少当年储能投资约 1.37 万亿元。可见，增强煤电的低碳发展能力，提升煤电利用率，既有利于电力安全，也具备潜在经济价值，并对储能需求产生重大影响。

5.1.2　电力市场建设是储能规模化、市场化发展的重要推动力

本书构建了包括源、网、荷、储的电力市场长周期仿真模型，该模型包括源网荷储模型、出清优化模型，以时序仿真为整体架构，开展了适用于储能规模化应用场景的仿真评估方法，包括构建适用于评估储能规模化发展的指标体系，研究不同储能应用场景及不同电力系统结构下的储能技术路线、规模需求和经济学评估方法。根据区域电力市场特征，选取蒙西地区作为"样板地区"，进行储能规模需求评估及储能运行模式分析，形成如下结论。

1. 储能通过发电侧、电网侧、负荷侧及自身运行特征对电力市场产生影响

从发电侧看，储能会影响新能源发电机组出力和弃电量、常规发电机组出力、总发电成本、总发电收入等发电侧效益。从电网侧看，储能能够缓解输电阻塞，提高市场效率。从负荷侧看，储能充电相当于增加了系统的负荷需求，可能导致用户购电电价上升；储能放电则相当于增加了低成本发电出力，可能导致用户电价下降。从储能自身来看，独立储能电站在电能量市场中的收入基于价差套利。

2. 电力市场长周期仿真模型的核心是考虑安全约束的日前机组组合优化和经济调度优化

仿真周期内，每个运行日前，基于日前负荷预测、新能源预测等信息，进行考虑安全约束的日前机组组合优化；每个运行日内，以系统发电成本最小为目标，进行考虑安全约束的经济调度优化。出清优化后，计算节点边际电价、加权平均电价和电网潮流。电力市场仿真技术能够实现对电力市场出清、电力系统运行及市场参与各方行为的模拟仿真，验证电力市场的设计方

案和运营规则，预测电力市场电价，计算最优运行方式下各电源的发电量等，是评估储能应用场景、需求规模、调度运行模式和成本经济性的关键分析工具。

3. 蒙西地区储能规模与布局优化的仿真结果具有代表性

本书构建了未来电力市场环境下省域储能规模合理配置的方法体系，对风光储联合一体化电站的储能优化配置采用"系统仿真+本体优化"的两层优化方式，研究了与蒙西地区 2025 年新能源规划发展目标相匹配的储能需求规模及配置布局优化方案，评估了不同场景和发展模式下新型储能的效益与经济性。一是在无储能配置情景下，蒙西地区 2025 年全年系统弃电率为 22.6%。二是在低于 5%的系统弃电率目标情景下，蒙西地区储能合理配置规模为 1229 万千瓦/4300 万千瓦时，配置容量相当于地区新能源总装机容量的 19.4%，蒙西东部和蒙西西部的储能配置比例分别约为 35%与 65%，储能小时数均为 3.5 小时。若系统弃电率适度放宽到 10%，则储能配置规模将大幅下降 65%。三是风光储联合一体化电站内配置储能的经济性较差，仿真案例显示静态投资回报年限大于 20 年。四是独立储能电站仅依靠充放电价差无法实现合理的盈利水平，在无储能竞争情景下，全年日均现货市场价差均值为 258.33 元/兆瓦时，独立储能电力现货市场年总电量套利收入为 1539 万元，静态投资回报年限为 10.81 年；在储能充分竞争情景下，充放电价差下降，静态投资回报年限上升至 13.90 年。

5.2 政策与决策建议

5.2.1 极端不利气象条件下需要发挥稳定电源保供作用

气象风险是新型电力系统安全保供的新变量。在新型电力系统中，电力可靠供应受气象影响愈发显著，特别是在极端天气发生频次、影响范围和强度不断增加的情况下。风光新能源发电具有随机性，发电出力"靠天吃饭"，在大容量长时间储能技术成熟之前，难以大规模存储。当连续多天出现无光、无风的气象条件时，依靠风光新能源难以满足电力供应。在极端不利气象条件发生时，需要发挥火电等稳定电源在能源保供中的重要作用。

5.2.2　加强储能规模化发展的顶层设计和机制建设

在国家层面，应基于分阶段"双碳"进程，根据不同省份的电源结构特点，合理设置分区域、分省份的新能源消纳目标。做好电力市场的顶层设计，进一步推动电力市场化进程，加大电力现货市场的实施范围和进度，构建完善的电力市场体系。探索建立跨区域储能容量交易市场，促进储能投资向边际收益高的应用场景集中。

在地方政府层面，根据国家层面对新能源的合理消纳目标，结合能源电力规划，科学分析计算，提出未来分阶段储能及其他灵活性资源的配置要求。积极探索推进电力现货市场的新型储能市场化机制试验示范，建立和完善储能参与电力市场的模式，使储能获得的多市场综合收入满足投资经济性要求，充分发挥市场配置资源的决定性作用，有效激励市场主体投资，赋予企业自主配置储能的权利，形成良性、自发、可持续的储能规模化发展典型市场环境基础。

在发电企业层面，应及早开展分省份的宏观储能需求和总体经济性评估。在宏观储能需求方面，基于其新能源发展状况、常规电源结构、负荷增长及省间交易等情况，采用仿真分析量化其新能源消纳和保供能力，以确定该省份对储能的物理需求。在宏观储能需求和经济性分析的基础上，统筹提出分地区的新型储能项目规划与开发模式。在新建电源的前期工作中，可以辅助采用电力现货市场长周期仿真技术，综合模拟分析市场竞争环境、电力供需、电网架构、电力市场机制设计等因素，对发电量和电价进行量化预测，选择合适的储能规模，保证储能投资效益，降低投资风险。

5.2.3 推动储能规模化发展的场景模式创新和政策完善

推动储能应用场景与商业模式创新。首先，需要加速大型能源基地的储能部署。储能成本疏导机制仍未有效突破，制约了大基地项目的推进及收益，需要推动长期、稳定、可复制的盈利模式探索。其次，需要完善"分布式光伏发电+储能"示范政策，建议分布式光伏发电配储模式优先在华东、华中等电价水平较高、消纳能力较强的地区发展，逐步延伸到其他地区。以体量较大的工商业屋顶分布式光伏发电、储能为切入点，充分探索光储充一体化项目模式，试点先行，逐步培育增长新动能。最后，需要拓展用户侧储能应用场景，完善用户侧储能参与分布式供电、电网调频、电网调峰等辅助服务的定价机制，扩展用户侧储能经济收益来源，提升投资积极性。

完善新型储能产业链发展政策。加强产业链的研发资助，加大基础研究投入和人才培养力度，以示范等形式带动应用技术发展。激励企业创新，推动产学研融合。增强产业链保障能力，在强化国内供应链、保障国内产能供应的同时，加快全球资源布局，增强产业链掌控力度。加快建立关键材料回收、循环利用体系，以及电池梯级利用体系。推动储能与可再生能源电力配额及绿色电力证书的结合。

制定促进储能发展的财税金融政策。积极探索金融支持新型储能发展的模式，创新绿色金融产品，拓宽企业质押融资渠道。对储能示范项目采取融资支持、提供政策性贷款或财政贴息、发行储能绿色债券等措施，助力储能产业规模化发展，促进储能产业高质量发展。

根据成熟市场的储能发展经验，新型储能的规模化应用需要在成本回收模式、市场交易机制、政策驱动机制等方面协同推进。

一是构建市场化消纳方式，优化风光配储机制。建议调整风光强制配储模式，采取对并网电能质量提出明确标准、推动新能源参与电力现货市场交易、完善辅助服务市场建设、鼓励第三方储能与共享储能发展等一系列市场化手段，优化发电侧储能配置方式。

二是理顺储能成本传导模式，促进表前储能发展。建议完善辅助服务市场建设，剥离辅助服务并将其并入输配电价回收机制。同时对电网侧新型储能采取两部制电价模式，电量电价可根据电力现货市场价格形成，或是基于储能系统效率进行核定；容量电价采用竞拍等市场化机制形成，并将新型储能的容量电费纳入输配电价回收机制。

三是完善需求侧电价机制，鼓励表后储能应用。建议将用电侧储能纳入需求侧管理，对于配置储能的电网代理购电用户，签订长期分时电价合约，保障储能充放电小时数。完善中长期交易机制，拉大中长期交易分时电价价差。同时试点分时输配电价模式，将需求响应补偿纳入输配电价回收机制，明确需求响应补偿标准，扩大需求响应的参与范围。

四是完善储能参与机制，增强储能布局灵活性。参考成熟市场的经验，建议将电网公司作为新型储能配置责任主体，设定总体的储能配置装机指标，并由电网公司根据各区域电力市场的运行状况灵活地进行指标分解。此外，为限制电网公司市场力，培育多元的市场主体，应主要采取招标的方式向社会购买储能装置，并限制电网公司的储能投资比例。同时制定电力市场数据强制性披露要求，增强市场信息的透明度。

五是制定储能补贴政策，推动技术与市场的发展。为提升我国储能产业技术水平，加快储能产业化布局，建议对储能投资给予税收抵免等优惠政策，并对符合先进技术标准的储能装机给予容量补贴和电量补贴。同时，为实现补贴资源的合理利用，应明确补贴配额方案与退出路径，逐步提升获得补贴的技术要求，并降低补贴标准。

5.3　未来研究展望

5.3.1　细化 CE-power 模型对电源运行、减碳路径、电力系统灵活性、储能运行机制方面的刻画

在电源运行方面，本书采用的模型在电源侧实现了对煤电、水电、气电、

核电等常规电源的物理和经济参数化，但对上述电源的运行约束考虑较少，未来可考虑对其进行细致刻画。

在减碳路径方面，CE-power 模型模拟了 4 种不同情景下新型电力系统的结构特征、空间布局及储能规模化发展路径，但缺少对新型电力系统碳排放路径的研究，建议在下一阶段增加相关研究。

在电力系统灵活性方面，CE-power 模型将储能和火电灵活性改造作为提升电力系统灵活性的重要手段，未来还可增加电网互联、需求响应，以及大规模电动汽车应用和运行对结果的影响研究。

在储能运行机制方面，本书回答了新型电力系统中储能规模、结构、布局及功能等关键科学问题，但对储能运行机制，尤其是不同应用场景下储能运行的时间剖面刻画较少，未来可拓展相关研究。

5.3.2　拓展储能参与多类型市场的机制研究

独立储能仅参与电能量市场难以实现经济性，需要最大化发挥其技术功能，从多类型市场产品中获得收入。但目前新型储能的容量电价机制（市场）、辅助服务机制不够健全，储能在电能量市场中的发电计划亟须优化，为支持新型储能的大规模快速发展，迫切需要对新型储能参与多类型市场产品的机制进行深入研究和设计。为此，需要进一步研究电力现货市场中新型储能发电计划优化和价格的关键影响因素，研究新型储能在电能量市场中申报、优化出清、结算全环节的市场化机制；研究适用于新型储能的调频、备用等辅助服务品种，提出新型储能参与辅助服务中申报、优化出清、性能计量及结算全环节的市场化机制；考虑多种储能技术路线的有效容量、混合电源结构的容量电价价值，研究适用于新型储能的容量成本回收机制；设计新型储能商业化规模发展的市场化实施路径。

5.3.3　研究建立客观合理的储能经济性评价方法

目前企业对电源及储能的经济性评价，主要基于传统的评价方法，甚至采用过度乐观的非理性假设，难以反映未来电力市场化环境的储能预期运营效益，企业储能投资面临高风险。新形势下风电与光伏发电装机容量大幅增长，电价的波动将更加频繁，在储能经济性评价中，应选取更加贴近实际的电量与电价，这需要通过电力现货市场长周期仿真技术来实现量化评估，还需要考虑储能的多元化收入及相互关系进行综合经济性评估。为此，需要系统性地研究储能经济性评价问题，建立一套客观合理的电力市场环境下的储能经济性评价方法。基于本书的研究成果，即电力现货市场长周期仿真技术，研究储能在电能量市场中的电量收入评估方法；研究新型储能的辅助服务市场收入评估方法、容量收入评估方法。基于各发电企业新建的电源管理办法，研究并提出适用于储能投资评价的管理办法。

参 考 文 献

[1] 孙伟卿，王思成，刘宇宸. 支撑新型电力系统的储能技术综述与政策解读[J]. 自动化仪表，2022，43（12）：1-6，18.

[2] 杨于驰，张媛，莫堃. 新型储能技术发展与展望[J]. 中国重型装备，2022（4）：27-32.

[3] 童家麟，洪庆，吕洪坤，等. 电源侧储能技术发展现状及应用前景综述[J]. 华电技术，2021，43（7）：17-23.

[4] 何可欣，马速良，马壮，等. 储能技术发展态势及政策环境分析[J]. 分布式能源，2021，6（6）：45-52.

[5] 夏晨阳，杨子健，周娟，等. 基于新型电力系统的储能技术研究[J]. 内蒙古电力技术，2022，40（4）：3-12.

[6] 华志刚. 储能关键技术及商业运营模式[M]. 北京：中国电力出版社，2019.

[7] 何颖源，陈永翀，刘勇，等. 储能的度电成本和里程成本分析[J]. 电工电能新技术，2019，38（9）：1-10.

[8] 孙威，李建林，王明旺. 储能系统商业运行模式及典型案例分析[M]. 北京：中国电力出版社，2017.

[9] 王冰，王楠，田政，等. 美国电化学储能产业政策分析及对我国储能产业发展的启示与建议[J]. 分布式能源，2020，5（3）：23-28.

[10] 李建林，李雅欣，周喜超，等. 储能商业化应用政策解析[J]. 电力系统保护与控制，2020，48（19）：168-178.

[11] 李敬如，万志伟，宋毅，等. 国外新型储能政策研究及对中国储能发展的启示[J]. 中国电力，2022，55（11）：1-9.

[12] 李平文，刘建明，史岳，王江波. 促进储能产业有序发展的思考[J]. 河南电力，2021（3）：54-55.

[13] Davies D M, Verde M G, Mnyshenko O, et al. Combined economic and technological evaluation of battery energy storage for grid applications[J]. Nature Energy, 2019, 4(1): 42-50.

[14] Wang Y, Chao Q, Zhao L, et al . 2022: Assessment of wind and photovoltaic power potential in China [J]. Carbon Neutrality, 2022, 5(23): 417-426.

[15] Wiser R, Rand J, Seel J, et al. Expert elicitation survey predicts 37% to 49% declines in wind energy costs by 2050[J]. Nature Energy, 2021, 6(5): 555-565.

[16] Wiser R, Jenni K, Seel J, et al. Expert elicitation survey on future wind energy costs[J]. Nature

Energy, 2016, 1(10): 1-8.

[17] Kruitwagen L, Story K T, Friedrich J, et al. A global inventory of photovoltaic solar energy generating units[J]. Nature, 2021, 598(7882): 604-610.

[18] Chen X, Liu Y, Wang Q, et al. Pathway toward carbon-neutral electrical systems in China by mid-century with negative CO_2 abatement costs informed by high-resolution modeling[J]. Joule, 2021, 5(10): 2715-2741.

[19] Xu X, Bishop M, Oikarinen D G, et al. Application and modeling of battery energy storage in power systems[J]. CSEE Journal of Power and Energy Systems, 2016, 2(3): 82-90.

[20] Zamani-Dehkordi P, ShafleeS, Rakai L, et al. Price impact assessment for large-scale merchant energy storage facilities[J]. Energy, 2017, 125(4): 27-43.

[21] Kaldellis J K, Zafirakis D. Optimum energy storage techniques for the improvement of renewable energy sources-based electricity generation economic efficiency[J]. Energy, 2007, 32(12): 2295-2305.

[22] Georgiou G S, Christodoulides P, Kalogirou S A. Optimizing the energy storage schedule of a battery in a PV grid-connected nZEB using linear programming[J]. Energy, 2020, 208: 118177.

反侵权盗版声明

电子工业出版社依法对本作品享有专有出版权。任何未经权利人书面许可，复制、销售或通过信息网络传播本作品的行为；歪曲、篡改、剽窃本作品的行为，均违反《中华人民共和国著作权法》，其行为人应承担相应的民事责任和行政责任，构成犯罪的，将被依法追究刑事责任。

为了维护市场秩序，保护权利人的合法权益，我社将依法查处和打击侵权盗版的单位和个人。欢迎社会各界人士积极举报侵权盗版行为，本社将奖励举报有功人员，并保证举报人的信息不被泄露。

举报电话：（010）88254396；（010）88258888

传　　真：（010）88254397

E-mail： dbqq@phei.com.cn

通信地址：北京市万寿路 173 信箱
　　　　　电子工业出版社总编办公室

邮　　编：100036

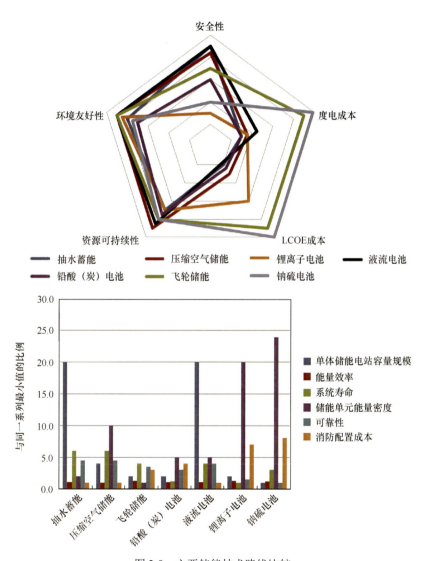

图 2-9　主要储能技术路线比较

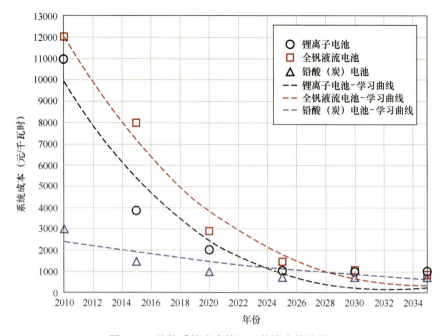

图 2-10　储能系统成本统计及其降本趋势预测

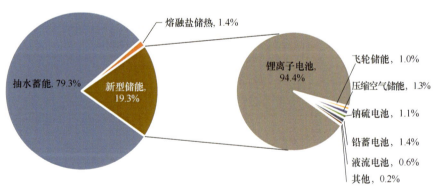

图 2-13　2022 年年底全球各类储能装机占比

数据来源：CNESA。

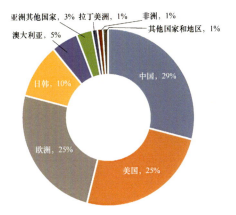

图 2-15　2022 年全球已投运新型储能项目地区分布

数据来源：CNESA。

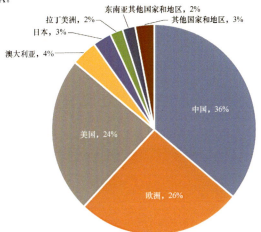

图 2-16　2022 年全球新增投运新型储能项目装机容量地区分布

数据来源：CNESA。

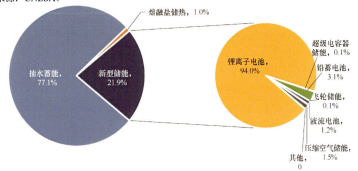

图 2-18　2022 年年底中国各类储能装机容量占比

数据来源：CNESA。

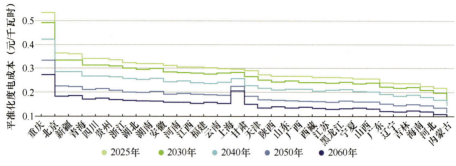

图 3-4　2025—2060 年中国各省份风电平准化度电成本的变化预测

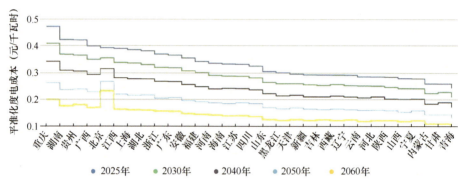

图 3-5　2025—2060 年中国各省份光伏发电系统平准化度电成本的变化预测

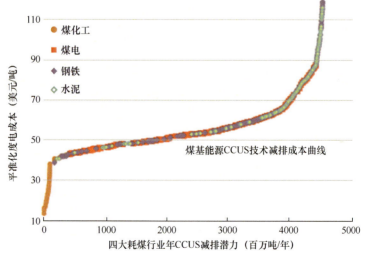

图 3-6　我国具备全流程 CCUS 实施条件的煤电厂减排潜力评估

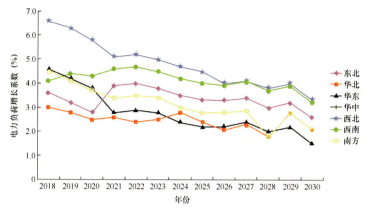

图 3-8　不同区域电力负荷增长系数

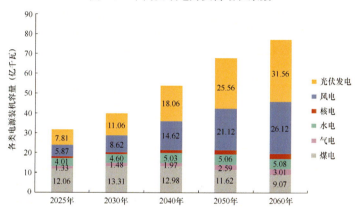

图 3-10　基础情景下各类电源装机容量的变化

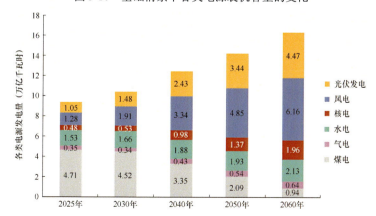

图 3-11　基础情景下各类电源发电量的变化

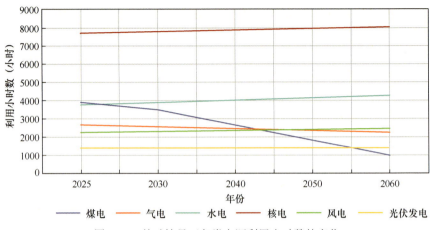

图 3-12   基础情景下各类电源利用小时数的变化

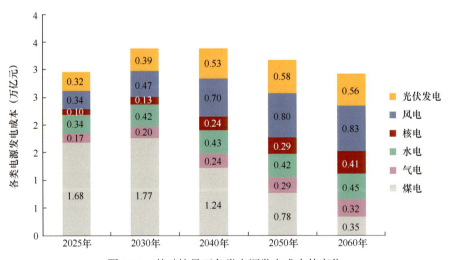

图 3-13   基础情景下各类电源发电成本的变化

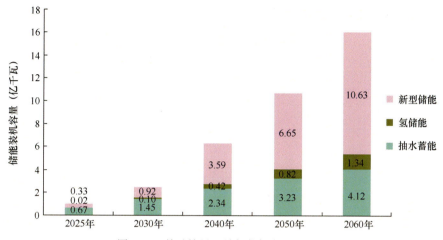

图 3-14　基础情景下储能装机容量的变化

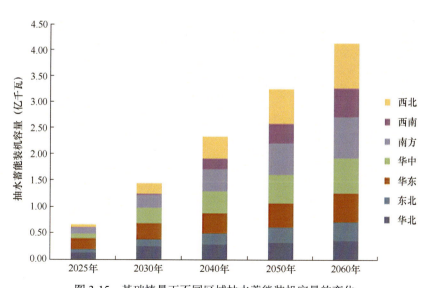

图 3-15　基础情景下不同区域抽水蓄能装机容量的变化

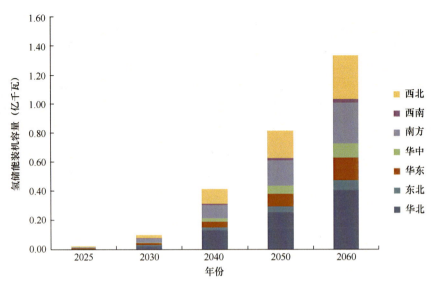

图 3-16　基础情景下不同区域氢储能装机容量的变化

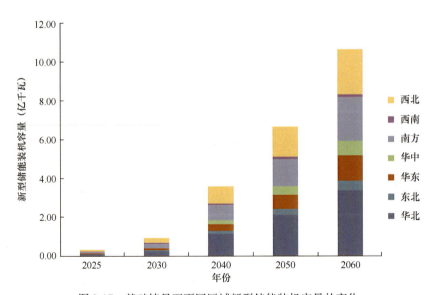

图 3-17　基础情景下不同区域新型储能装机容量的变化